Normandie

Klaus Simon

DUMONT direkt

Inhalt

Bienvenue!

Zu Gast in der Normandie

Orte von A–Z

Am Strand von Cabourg – Parade der Badezelte

12 Highlights

Extra-Touren

Stadtpläne

20 Reisetipps Normandie

Die Normandie im Internet

Surftipps

Das Internet hat sich in Frankreich in allen Bereichen durchgesetzt: Es gibt kaum ein Office de Tourisme, Hotel, Restaurant, Tauchclub oder Naturpark, das nicht eine Homepage und Internetadresse hat. **Buchungen** über das Internet sind somit absolut üblich. Immer öfter stehen die Informationen wahlweise in **Französisch oder Englisch,** seltener auch in Deutsch im Netz. Beim Suchen nach Begriffen fallen die Akzente weg! Falls vorhanden, stehen die Web-Adressen jeweils bei den Ortsbeschreibungen.

Landeskennung: fr

Frankreich allgemein

www.franceguide.com
Homepage der Maison de la France mit über 600 Reiseveranstaltern, die ihre Programme vorstellen (dt.)

www.frankreich-info.de
Gut sortiertes Frankreich-Portal mit umfangreichem Material über die Normandie (dt.)

www.tourisme.fr
Veranstaltungen, Neuigkeiten und Links zu 3600 Tourismusbüros in ganz Frankreich (frz., engl.)

www.france-randonnee.fr
Organisierte Wander-, Rad,- Reittouren in Frankreich

Normandie gesamt

www.normandy-tourism.org
Auftritt des regionalen Fremdenverkehrsamtes der Basse und Haute Normandie

www.normandie-qualite-tourisme.com
Hotels, Restaurants, Campingplätze, Museen etc., die sich einer Qualitätscharta der Region angeschlossen haben

www.normandie.asso.fr
Website des Vereins ›Demain la Normandie‹, der die regionale Zusammenführung der fünf normannischen Départements anstrebt

Regionen

www.cauxmaritime.com
Küste und Hinterland des Pays de Caux rund um Veules-les-Roses

www.paysdeshautesfalaises.org
Kreideklippenküste bei Étretat

www.paysdubessin.com
Bessin – die Küste zwischen Caen und Isigny-sur-Mer

Naturparks

www.parc-cotentin-bessin.fr
Parc Naturel Régional des Marais du Cotentin et du Bessin

www.le-perche.org
Parc Naturel Régional du Perche

www.parc-normandie-maine.fr
Parc Naturel Régional de Normandie-Maine

www.pnr-seine-normandie.fr
Parc Naturel Régional des Boucles de la Seine Normande

Spezialitäten

www.le-marche-normand.com
Die Normandie kulinarisch, mit Produkten, Bezugsquellen und Rezepten

www.fromages.org
Alles über normannischen Käse

www.lavache.com
Alles über normannische Rindviecher, mit einem Dossier zur Kuh des Monats

Das Wetter

www.meteo.fr/temps
Vorhersage für ganz Frankreich, mit Eingabemöglichkeit des gewünschten Départements

Bienv

Es grenzt an ein Wunder, wie in der Normandie verbummelte Provinz und Pariser Umtriebigkeit in schönster Harmonie miteinander auskommen. Vor fast 200 Jahren hat die Herzogin von Berry am Strand von Dieppe erstmals im Meer gebadet, und was bei den Einheimischen zunächst als Spleen einer – mit Verlaub – überkandidelten Adeligen durchging, wurde bald weltweit

enue

Mode. Fast ebenso lange nutzt *tout Paris* das Wochenende, um mal eben in die Normandie, ans Meer oder *à la campagne,* also aufs Land, zu fahren. Am Strand und erst recht dahinter aber sieht es noch immer so aus, wie von Boudin, dem ›Meister des Himmels‹, in der zweiten Hälfte des 19. Jh. auf der Leinwand verewigt.

Willkommen

Pie normande – die Kuh mit den Augenkringeln

Der Himmel über der Normandie

Eindeutig glückliche Kühe der Rasse *Pie normande* (erkennbar an den beiden Kringeln um die Augen) liegen in fetten Wiesen. Rassige Rennpferde und klobige Percheron-Kaltblüter trollen sich auf der mit weißen Gattern eingefassten Koppel. Knorrige, windverzurrte Apfelbäume mit so poetischen Namen wie *Malus Eve Reste* oder *Noël des Champs* betupfen im Frühjahr das sattgrüne Land mit rosa Blüten. Eine bucklige Kirche hier, ein stolzes Herrenhaus dort, und gleich daneben die von ihren britischen Besitzern sorgsam restaurierte Fachwerkkate. Die Dörfer tragen Namen wie in einem Feinkostladen – Pont-l'Évêque, Camembert oder Livarot. Die Städte locken mit sittsamem Charme.

Mag sich auch seit den Tagen, als Marcel Proust das elegante Treiben an der Uferpromenade von Cabourg minutiös notierte, in Sachen Strandmode einiges getan haben – ein Betonexzess wie am Mittelmeer blieb der normannischen Küste erspart. In den Sommerfrischen wie Veules-les-Roses, Étretat, Trouville, Houlgate oder Barneville-Carteret verzaubert die Bäderarchitektur der Belle Époque. Über Erkern und Türmchen bauscht sich der Himmel auf, ein windiges Kapitel. Mal ist er bleigrau und ebenso schwer, mal babyblau und ebenso zart, und dies oft in rascher Folge. Dem Himmel entsprechend färbt sich das Meer mal tintenblau, mal tief graugrün. Die Normannen quittieren die klimatischen Umschwünge mit Humor. »Hier ist täglich gutes Wetter – wenigstens für ein paar Minuten.« So lautet ein Bonmot. Und wir packen mit der Badehose die Regenjacke ein.

Die Seine – so normannisch wie französisch

Das Verbindungsband zur Hauptstadt bleibt die Seine, die nördlich von Paris schon bald normannisches Terrain erreicht. Tief gräbt sie sich fortan in die fruchtbaren Böden ein, wirft sich in engen Schleifen bisweilen ungehalten in ihrem Bett. Für die Normandie selbst bedeutete der französischste aller Flüsse über Jahrhunderte mehr Trennlinie als verbindendes Band. Im Osten auf dem rechten Ufer die ›reiche‹ Haute-Normandie mit der Hauptstadt Rouen und Le Havre, dem wichtigsten Hafen der Region und entsprechender Großindustrie: Automobilbau, Raffinerien, Atomkraftwerke. Im Westen auf dem linken Ufer die ›arme‹ Basse-Normandie mit der menschenleeren Feld-, Wald,- und Wiesenidylle des Bocage sowie der im Abseits der Reiseströme liegenden, um so verschwiegeneren

Normannische Fachwerkhäuser in Le Bec-Hellouin

Cotentin-Halbinsel. Diese klassische Zweiteilung verliert freilich an Schwere, seit sich in der Basse-Normandie Deauville als mondänstes Seebad der Normandie behauptet, seit die bukolischen Hügel des Pays d'Auge zur bevorzugten Adresse der Internationale vermögender Wochenendhausbesitzer avanciert ist. Caen, die Hauptstadt der Basse-Normandie wurde dank Universität und reicher Kulturszene landesweit zum Begriff für eine weltoffene Stadt.

In der Haute-Normandie hingegen setzen der Niedergang klassischer Industrien, allem voran der Werften, aber auch die Schließung der Moulinex-Werke, der einstigen Vorreiterrolle zu. Nicht zu vergessen beim Angleichungsprozess sind die Seine-Brücken, mit denen Untere und Obere Normandie nach dem Zweiten Weltkrieg enger aneinander gerückt sind, besonders der 1995 eröffnete Pont de Normandie zwischen dem proletarischen Le Havre und Honfleur, *der* Kolonie reicher Pariser.

Auf dem Weg zur ›großen Normandie‹

Als die Regionen Haute- und Basse-Normandie 1974 geschaffen wurden, haben sich die damaligen politischen Schwergewichte die Normandie mal eben geteilt: Der linke Regionalpolitiker Jean Lecanuet in Rouen und der Konservative Michel d'Ornano in Caen. Seit Ende der 1990er Jahren aber erheben immer mehr Abgeordnete aus den beiden Regionalparlamenten ihre Stimme gegen die historisch nicht zu rechtfertigende und für die Zukunft der Normandie hinderliche Zweiteilung. Eine Zusammenlegung würde die Normandie beim Bruttosozialprodukt, der Bevölkerungszahl und der Fläche schlagartig auf Platz fünf oder sechs unter den französischen Regionen katapultieren. Die Verhandlungsbasis etwa gegenüber der staatlichen Eisenbahngesellschaft SNCF über neue Hochgeschwindigkeitslinien wäre eine ganz andere. Dies gilt ebenso für die Küstenschutzpolitik und für Fischereirechte, die mit England ausgefochten werden müssen. Mit einer ›großen‹ Normandie ließe sich ebenfalls das leidige Flughafen-Thema sinnvoll angehen. Noch gibt es vier kleine Flughäfen, die alle mit Defizit arbeiten. Dabei könnte die alte Militärbasis von Évreux schnell zum dritten Großflughafen der Region Paris ausgebaut werden. Erste Schritte in der Annäherung von Haute- und Basse-Normandie sind getan. Es gibt bereits eine gemeinsame Landwirtschaftskammer, eine gemeinsame Handelshochschule Caen-Le Havre, ein gemeinsames Fremdenverkehrsamt in Évreux.

600 Kilometer Küste

Gemein ist beiden Landesteilen ein gehöriges Stück Ärmelkanalküste. Zählt man alles zusammen, kommt man auf mehr als 600 km, die jedoch sehr unterschiedlich ausfallen. Zwischen Le Téport und Le Havre bauen sich die majestätisch bleichen Klippen der Alabasterküste wie ein Wall zur See auf. Bei klarer Sicht schweift der Blick vom Küstenwanderweg bis zur englischen Küste. Elegant staksen Felsbögen bei Étretat in die Fluten, ein Bild, das zu den Ikonen der Normandie zählt wie der Mont St-Michel an der Grenze zur Bretagne oder die Camembertschachtel. Nicht von den über 100 m hohen Klippen abhalten ließen sich im 9. Jh. die Wikinger (Normannen). Sie überfielen die Küsten so oft, bis man ihrem Anführer Rollo 911 die Herzogswürde antrug. Daher der Name der Normandie, die fortan nach den Nordmännern benannt wurde.

Im Westen werden zwischen Honfleur und Granville lange, goldgelbe Sandstrände immer häufiger. Blumen- und Perlmuttküste bedeuten Badefreuden pur. Von hier stach Wilhelm der Bastard 1066 zur Schlacht nach Hastings in See, um als Wilhelm der Eroberer mit der englischen Königskrone zurückzukehren. Die Seelenverwandschaft mit den Briten blieb trotz des Hundertjährigen Kriegs bis zum heutigen Tage erhalten. Allein landschaftlich erinnern etwa das Cap de la Hague an Irland, die Gartenlandschaft des Pays d'Auge an Cornwall. Zu den großen Pferderennen in Deauville stellt sich auf dem Hippodrom ein, was auf der anderen Kanalseite unter *horsy people* Rang und Namen an.

Nur einmal kamen die Briten noch zahlreicher. Im Juni 1944 begann die alliierte Landung an den Küsten des Cotentin und des Bessin – logischerweise dort, wo die Strände am breitesten und längsten sind. Knapp 60 Jahre und etliche Verfilmungen später (angefangen von ›Der längste Tag‹ bis zum ›Soldat Ryan‹) ist die Schlacht um die Normandie so indentitätsbildend wie die Wikingerzüge und Wilhelms Eroberung geworden. Es sei hinzugefügt, dass die Geschichte Gras über die deutsch-französischen Animositäten hat wachsen lassen. Keine falsche Scheu also, wenn ein *Son et Lumière*-Spektakel über den D-Day nach Courseulles oder das 360°-Kino zur packenden Inszenierung der Landung nach Arromanches lockt. Jeder Besucher ist *bienvenu*.

Unverwüstlich: Die trägen Wonnen der Provinz

Es gibt eine Normandie abseits von Stränden und großer Geschichte. Sie entdecken, heißt zu den trägen Wonnen der Provinz finden. Beim Drang an die Küste rauscht man nur allzu schnell an einer *France profonde* vorbei, die andererorts auf dem Rückzug ist. Abgesehen von den steilen Flusstälern der Normannischen Schweiz, wo Wanderer, Freeclimber und Mountainbiker zum gewohnten Bild zählen, bleibt die innere Normandie ein unbekanntes, weil unbesuchtes Land. Dabei feiert gerade in den von hohen Buchenkarrees geschützten Höfen des Pays de Caux, der amphibischen Landschaft der Cotentin-Sümpfe oder den endlosen Wäldern auf der Grenze zur Region Pays de la Loire die französische Provinz fröhliche Urständ. Jeder Fremde wird fast automatisch zu den *gens de Paris*, den Leuten aus Paris, gezählt.

Stille Wasser sind freilich tief. So hat die normannische Scholle Frankreich die Ehebrecherin Madame Bovary beschert (und ganz nebenbei der Welt den modernen Roman sowie seinem Schöpfer Flaubert einen Prozess wegen Verstoßes gegen die guten Sitten). Aus der Abgeschiedenheit von Gacé brach die Kameliendame auf, um in Paris als große Kurtisane Karriere zu machen. Ihr Fachwerkhaus bei Vimoutiers verließ Charlotte Corday, um in Paris Revolutionsführer Marat im Bade zu erdolchen. Christian Dior schaute in Granville solange auf das sich stetig wandelnde Meer, bis er den Rausch der Farben und Formen in Haute Couture umsetzen konnte. Die Jungbäuerin Marie Harel versteckte in Camembert einen Priester vor den ihm nachstellenden Revolutionären, und erlernte von ihm die Kunst der Weichkäseherstellung. Der Rest ist Küchengeschichte.

A propos. Ein Kreisverkehr heißt auf dem normannischen Land in aller Unschuld *Camembert.* Ein schlagenderer Beweis dafür, dass der Normanne auch angesichts moderner Errungenschaften seinen regionalen Wurzeln treu bleibt, lässt sich kaum finden. Das als französischer Nationalsport betriebene Wetteifern um *le progrès*, den allein selig machenden Fortschritt, vermag nur eine Autostunde von Paris entfernt den gemächlichen Gang der Provinz nicht zu stören. *Ca fait tout le charme* – das macht den Reiz der Normandie aus.

Die Normandie in Zahlen

Lage und Fläche: Die Normandie wird im Norden und Westen vom Ärmelkanal, im Süden von der Île de France mit Paris und den Pays de la Loire, im Osten von der Picardie begrenzt. Sie umffasst eine Fläche von 29 837 km^2.
Die größten Städte: Hauptstadt Rouen (390 000 Einwohner), Le Havre (250 000 Einwohner), Caen (200 000 Einwohner) – jeweils inklusive ihrer Randgemeinden.
Verwaltung: Fünf Départements bilden die beiden Verwaltungsregionen: Eure und Seine-Maritime in der Oberen Normandie (Haute-Normandie, Hauptstadt Rouen), Calvados, Manche und Orne in der Unteren Normandie (Basse-Normandie, Hauptstadt Caen). Über die Politik jedes Départements entscheidet ein auf sechs Jahre gewählter Conseil Général. Über die Geschicke der Regionen entscheiden die Mitglieder der Conseils Régionals.
Bevölkerung: Rund 3,2 Mio. Menschen leben in der Normandie. Den Rekord hält das Département Seine-Maritime mit den Städten Rouen und Le Havre: 1,24 Mio. Einwohner. Das Schlusslicht bildet das Département Orne mit 292 000 Menschen bei deutlich größerer Fläche.
Wirtschaft: Die Region ist zweigeteilt. Die Haute-Normandie liegt beim Bruttosozialprodukt an dritter Stelle unter den französischen Regionen, die Basse-Normandie an zwölfter. Grund ist die in der Haute-Normandie mit Raffinerien und Großlagern gewichtige Ölindustrie. Die Häfen der Haute-Normandie bestreiten ein Viertel des französischen Seeverkehrs. Rouen ist der wichtigste Getreideexporthafen Europas, Le Havre der nach Tonnage zweitgrößte Hafen Frankreichs. In der Basse-Normandie spielt die Landwirtschaft mit 9,5 % aller Beschäftigten eine große Rolle. Im Département Manche macht die Viehzucht 90 % aller landwirtschaftlichen Einnahmen aus. Weiter östlich um Caen dominieren Sonnenblumen-, Zuckerrüben-, Getreidefelder.

Geschichte

Am 30 Mai 1431 wird Jeanne d'Arc in Rouen hingerichtet

1. Jh. v. Chr.– 5. Jh. n. Chr.	Unter Cäsar wird die Normandie für Rom erobert. Die römische Provinz *Lugdunensis secunda* entspricht ungefähr dem Gebiet der heutigen Normandie.
4.–5. Jh.	Unter dem Merowinger Chlodwig wandern die Franken im 5. Jh. ein und zerschlagen die römischen Autoritäten.
7. Jh.	In Jumièges, Wandrille und St-Ouen entstehen mächtige Klöster.
708	Aubert, Bischof von Avranches, gründet das Kloster auf dem Mont St-Michel.
9. Jh.	Die Normannen (Wikinger) werden zum Schrecken der Normandie. Regelmäßig fallen sie ins Land ein.
911	Frankenkönig Karl der Einfältige überträgt dem Wikinger Rollo die untere Normandie.
933	Rollos Sohn Wilhelm Langschwert bekommt die Obere Normandie und einen Herzogstitel dazu.
1035	Wilhelm der Bastard wird Herzog. Bis 1047 setzt er sich gegen seine Widersacher durch.
1066	Wilhelm erobert England – und heißt nun ›der Eroberer‹.
1087	Nach dem Tod von Wilhelm teilen die Söhne das Reich auf. Die Normandie und England werden nicht mehr gemeinsam regiert.
1106	Einer von Wilhelms Söhnen, Heinrich I. von England, schaltet seinen Bruder, den Herzog der Normandie, aus. Die Normandie wird erneut in Personalunion mit England regiert.
1135	Heinrich I. stirbt. Die einzige Tochter Mathilde ist mit Geoffroy Plantagenet verheiratet, dessen Dynastie fortan die Herzöge stellt.
1152	Heinrich II. heiratet Eleonore von Aquitanien – die Normannen herrschen dadurch von Schottland bis an die Pyrenäen.
1189	Richard Löwenherz wird König von England und Herzog der Normandie.
1204–1259	Der Niedergang des normannischen Herzogtums beginnt mit dem Fall der Burg Gaillard. Die französische Krone erlangt die Souveränität über das Gebiet.
1337–1450	Der Hundertjährige Krieg zwischen England und Frankreich verwüstet die Normandie.

1428	Jeanne d'Arc befreit Orléans von den Engländern.
1431	Todesurteil gegen Jeanne d'Arc. Hinrichtung am 30. Mai auf dem Scheiterhaufen in Rouen. Heinrich VI. von England lässt sich zum König von Frankreich krönen.
1450	Mit Cherbourg geht die letzte englische Stellung auf dem Kontinent verloren. Nur die Kanalinseln Jersey und Guernsey bleiben britisch.
1517	König Franz I. gründet Le Havre.
1789–1791	Während der Französischen Revolution werden die Klöster aufgelöst. Viele Priester und Adelige verlassen über die Häfen der Normandie das Land.
1793	Die Normandie entsteht als Verwaltungsregion mit den Départements Seine-Inférieure, Eure, Orne, Calvados und Manche.
um 1820	Die Herzogin von Berry ›erfindet‹ das Baden in der See.
1843	Die Eisenbahn verbindet Paris und Rouen.
1859	Der Herzog von Morny etabliert Deauville als mondänes Seebad.
1883	Der Maler Claude Monet zieht ins Seine-Tal nach Giverny, wo er 1926 stirbt.
1899	Die erste Camembertschachtel aus Pappelspanholz geht in Vimoutiers in Serie.
1907–1914	Marcel Proust schreibt im Grand Hôtel von Cabourg ›Auf der Suche nach der verlorenen Zeit‹.
1920	Der Papst spricht Jeanne d'Arc selig.
1923	Die Planches von Deauville, eine 653 m lange Holzpromenade mit Badekabinen für die Filmstars dieser Welt, werden angelegt.
1935–1939	Das größte Passagierschiff der Welt, die ›Normandie‹, verbindet Le Havre und New York.
1940	Die Deutschen besetzen die Normandie.
6. Juni 1944	Mit dem D-Day, der Landung der Alliierten an den Küsten der Unteren Normandie, beginnt die Befreiung Frankreichs.
1967	Inbetriebnahme der Wiederaufbereitungsanlage für atomare Brennstoffe La Hague.
1972	Schaffung der Regionen Haute-Normandie und Basse-Normandie.
1979	Der Mont St-Michel wird UNESCO-Welterbe.
1988	In Caen wird mit dem Mémorial pour la Paix das bedeutendste Museum zum Zweiten Weltkrieg in der Normandie eröffnet.
1995	Der Pont de Normandie über der Seine-Mündung, mit 2141 m die damals längste Schrägseilbrücke der Welt, wird vollendet.
2004	60. Jahrestag der alliierten Landung. Mit Gerhard Schröder ist erstmals ein deutscher Bundeskanzler eingeladen.
2005	Am Mont St-Michel beginnt die künstlich gesteuerte Wegschwemmung des Schlammes, um die Verlandung zu stoppen. Le Havre wird UNESCO-Welterbe.
2007	Bau eines neuen Kernkraftwerks am Cap de la Hague.

Gut zu wissen

Die Camembertschachtel – ein Symbol der Normandie

Austern

Austern sind reich an Proteinen, Vitaminen, Spurenelementen und erfreuen sich steigender Beliebtheit. Noch 1970, lange vor dem Austernboom, kamen nur 3 % aller französischen Austern aus der Normandie. Heute hat sich die Zahl mehr als verzehnfacht. 3000 normannische Arbeitsplätze hängen an der Auster. Knapp 40 000 t werden jährlich längs der Küste gezüchtet, vor allem im Cotentin.

Auster ist nicht gleich Auster: Die aus Isigny sind wegen des Zuflusses von Süßwasser in die Veys-Bucht besonders voll im Fleisch und mild. Die von der Westküste des Cotentin haben helle Schalen, einen würzigen, jodbetonten Geschmack, die aus St-Vaast-la-Hougue zeichnen sich hingegen durch eine nussige Note aus.

Drei Tage nach der Ernte sind Austern am besten – das Erntedatum steht auf dem Holzkorb. Zwei Wochen kann man sie problemlos aufbewahren. Dazu muss man die Austern im Dunkeln, bei einer Temperatur zwischen 5 °C und 8 °C flach lagern, damit sie ihr Wasser nicht verlieren.

Centrale Nucléaire

Der Energiekonzern Electricité de France plant im strukturschwachen Cotentin ein Atomkraftwerk der so genannten ›dritten Generation‹: Baubeginn 2007. Ans Netz soll das Atomkraftwerk fünf Jahre später gehen. Der Standort bei Flamanville an der Westküste des Cotentin ist nicht neu. EDF betreibt hier bereits ein Atomkraftwerk, das die Region Caen, einen Teil der Bretagne sowie die britischen Inseln Jersey, Sark, Alderney und Guernsey mit Strom versorgt.

Die regelmäßig vermeldeten Unregelmäßigkeiten in Form erhöhter radioaktiver Werte schreckt die Bewohner nicht. Zu selten sind Arbeitsplätze hier oben ganz im Norden gesät, als dass man lange über die Gefahren der Atomkraft debattieren möchte. Im Gegenteil: Bei der Standortfrage hatte sich auch das bei Dieppe liegende Penly Hoffnungen gemacht – dessen Bürgermeister sich darüber beklagte, dass seine Gemeinde nun leer ausgeht.

Die drei großen C

Die drei großen C der Normandie heißen Cidre (Apfelwein), Camembert (Weichkäse aus Kuhmilch) und Calvados (Apfelschnaps). Es sind bei weitem nicht die einzigen Spezialitäten der Region, die eine *Appellation d'Origine Contrôlée* (AOC) schützt. Der Livarot, ein würziger, konsistenter Kuhkäse, der Pont-l'Évêque, ein Kuhkäse mit orangefarbener Schale, der cremige Neufchâtel, ebenfalls von der Kuh, Butter und Sahne aus Isigny, nicht zu vergessen der Apfelaperitif Pommeau, sie alle tragen das AOC-Label.

›Don't mention the war!‹

Falsch! Die Maxime, mit der Briten und Deutsche versuchen, sich um das Thema Zweiter Weltkrieg herumzulavieren und eventuelle Betroffenheiten zu ersparen, gilt nicht für die Normandie. Über Besatzung, D-Day, Kollaboration, Befreiung wird in etlichen Museen vorurteilsfrei unterrichtet. Der Zweite Weltkrieg ist auch als Reisethema nicht tabu, wie speziell ausgewiesene *routes touristiques* zeigen. Über 60 Jahre nach Kriegsende ist jeder auf den ehemaligen Schlachtplätzen willkommen.

Einladungen/Essenszeiten

Der Gang zu Tisch ist in Frankreich heilig. Unverhofft vorbeischauen sollte man deshalb nicht mittags zwischen 12 und 14.30 Uhr sowie ab 19 Uhr abends. Häufiger ist die Einladung zum Aperitif etwa eine halbe Stunde vor dem Essen. Man trinkt ein Glas zusammen und achte tunlichst darauf, sich rechtzeitig wieder zu verabschieden – schließlich wollen die Gastgeber noch zu Tisch.

Hochsaison

Man meide bei der An- und Abreise die Tage um den 14. Juli und den 15. August, wenn die Reiseströme von *juillettistes* und *aoûtiens* (denen, die im Juli, und denen, die im August Urlaub machen) ihren Höchstpegel erreichen. Flug- und Bahnreisende sollten sich zudem vor dem Beginn der Schulferien hüten. Die Streikfreudigkeit von SNCF und Air France passend zum letzten Schultag hat schon zu so manchem vorösterlichen oder vorweihnachtlichen Bahnhofs- oder Flughafen-Biwak geführt.

Höflichkeit

Ein paar höfliche Floskeln erleichtern den Alltag: So erhöht etwa ein vorangestelltes *S'il-vous-plaît* oder *Excusez-moi* die Auskunftswilligkeit enorm. Und bitte nicht drängeln, ob an der Rezeption oder beim Bäcker. Man nimmt sich Zeit für einen Scherz, für einen Schwatz. Sich für Auskunft und Service zu bedanken, ist allemal üblich. *Merci!*

Kleidung

Zur Badehose gehört auch im Hochsommer ein Regenschirm ins Gepäck. Pulli, Windjacke können neben Sonnenbrille und Sunblocker ebenfalls nicht schaden. Praktisch sind auch ein Paar Stiefel für eine ausgedehnte Wanderung bei Ebbe oder feste Gummilatschen, wenn man an den Kieselstränden der Côte d'Albâtre ins Wasser möchte. Feinschmecker sollten einen etwas feineren Garderobesatz dabei haben. Krawatte und Kleid sind zwar im Gourmet-Tempel nicht mehr nötig, Shorts und Radlerhosen bleiben jedoch deplatziert. Das gilt auch für Kirchen und Klöster, zumindest während der Messe oder wenn noch eine Ordensgemeinschaft in den Mauern lebt.

Kleingeld

Ein paar Münzen helfen an vielen Autobahnmautstellen weiter. Wer an der *péage* die oft nur ein paar Euros hohe Gebühr in Münzen parat hält, wirft das Geld in einen Plastiktrichter (Quittung – *reçu* – gibt es auf Knopfdruck), und die Schranke hebt sich. Das spart Zeit, denn die Schlange ist meist kürzer als an den Spuren für Kreditkartenzahler oder denen mit Kassierer.

Klima & Reisezeit

Angenehm zum Baden sind die Temperaturen im Sommer – immerhin misst das Meer dann 18 °C bis 20 °C. Doch das Wetter bleibt wechselhaft – ein Schauer gehört fast immer dazu. Warum nicht gleich im Frühjahr reisen, wenn Millionen blühender Apfelbäume die Wiesen des Pays d'Auge mit blassrosa Tupfern versehen? Oder im Spätherbst, wenn die Äpfel fallen, und kurz darauf die steilen Rauchfahnen der Calvadosbrennereien in der kühlen Morgenluft stehen? Beide Jahreszeiten sind zum Wandern ideal, sei es an der Küste oder in der Normannischen Schweiz.

Richtig kalt wird es im Winter nicht – das ozeanische Klima macht es möglich. Im Pays de Caux etwa liegt der winterliche Mittelwert bei 3 °C. Dafür wird es um so feuchter.

Die Ausnahme lautet Mikroklima: Während es in der Regenhochburg Cherbourg 1030 mm im Jahresmittel schüttet, sind es am nahen Cap de la Hague ganze 630 mm.

Pauschal oder individuell?

Die Normandie lässt sich wunderbar individuell bereisen – mit Ausnahme der kurzen Hochsaison, wenn vor allem an der Küste alles ausgebucht ist, findet sich immer ein Bett für die Nacht. Im Hinterland gilt dies erst recht. Daneben gibt es verlockende Pauschalangebote, gerade für Kulturinteressierte, sei es auf den Spuren der Impressionisten oder auf denen von Marcel Proust.

Preise

Das Preisniveau entspricht in etwa dem in Deutschland. Beim Essen wird jedoch mehr Geld ausgegeben, die Qualität liegt allerdings – zumindest auf dem flachen Land – ebenfalls höher. Bei Übernachtungen gilt: Je näher das Bett am Wasser steht, desto teurer wird es. Stark beansprucht wird die Urlaubskasse durch Getränke (Café, Softdrinks, Bier) oder ein Eis. Museen sind relativ teuer.

Sainte Thérèse

Das Mädchen Thérèse Martin kommt am 2. Januar 1873 in Alençon zur Welt. 1877 lässt sich der verwitwete Vater mit der Tochter in Lisieux in der Maison des Buissonnets nieder. Mit nur 15 Jahren nimmt Thérèse den Schleier. Die blutjunge Karmeliterin tut sich in Lisieux durch ihren tiefen Glauben und mystische Studien hervor. Schwer an Tuberkulose erkrankt, vollendet sie auf dem Krankenbett die ›Geschichte einer Seele‹. Im Werk spiegelt sich ihre enorme Kenntnis theologischer Schriften. Am 30 September 1897 stirbt ›die kleine Heilige‹ mit 24 Jahren. Die Kunde von Wundern in Zusammenhang mit einer Pilgerschaft zum Grab wird laut. 1923 spricht der Papst Thérèse in Rom heilig. Für Papst Pius X. gilt die Normannin als die bedeutendste Heilige der Moderne. Noch im selben Jahr wird ihr Leichnam exhumiert und im Karmeliterkloster von Lisieux neu beigesetzt. Sechs Jahre später wird mit dem Bau der Basilika Ste-Thèrèse begonnen. 1997 erhält Thérèse nachträglich den Titel eines Doktors der Theologie (www.therese-de-lisieux.com).

Souvernirs

Einfach zu transportieren sind Calvados (Apfelschnaps), Pommeau (Apfelaperitif) und Cidre. Eine Kühlbox braucht man hingegen für Camembert, Livarot, Pont-l'Évêque, einen der vielen anderen normannischen Käse, Salzbutter, Wurst, und Schinken. Hübsch in der Blechbüchse wird vielerorts das typische Butter-Sandgebäck *(sablé)* angeboten.

Hausgemachte Konfitüren findet man auf dem Markt oder in einer *épicerie fine* (Feinkosthandlung). Prinzipiell sind französische Antiquitäten im Land günstiger zu bekommen als im hiesigen Handel. Antiquitätenhändler und Trödler findet man in nahezu jeder Stadt. Museumsboutiquen und Fachgeschäfte bieten zudem Kopien von Tapisserien sowie hochwertige Kunstbände an.

Stau

Wer den allsommerlichen Staus auf Routes Nationales und Routes Départementales entgehen möchte, nutze die geheiligte Mittagszeit. *Toute la France* sitzt *à table,* man selber (leider) hinter dem Steuer und hat dafür von Schlag Zwölf bis ungefähr halb Drei Ortsdurchfahrten und Landstraßen für sich. Gilt bedingt auch für die Autobahn, wo dann allerdings auf den Rastplätzen der Teufel los ist – mit entsprechenden Schlangen am Buffet.

Spartipps

Viele Städte bieten einen Museumspass, der über die Offices de Tourisme vertrieben wird. In Rouen oder Caen etwa spart man je nach Museum oder Sehenswürdigkeit 20–50 %! Beim Café oder dem Glas zwischendurch ist der günstigste Platz immer noch der an der Theke. Sich im Saal hinzusetzen, kostet mehr, auf der Terrasse ist es eventuell nochmals teurer. Auch noble Restaurants bieten unter der Woche ein sehr günstiges Mittagsmenü an – die Gelegenheit, um sich ohne drohenden Ruin in die Haute Cuisine einzuschmecken. Kinos bieten an bestimmten Wochentagen (oft Mo) Ermäßigungen. Den Sprachkurs gibt es gratis – fast alle nichtfranzösischen Filme werden im Original gezeigt.

Sprache

Fremdsprachenkenntnisse darf man in Frankreich im Hotel oder Restaurant nicht voraussetzen – Deutsch erst recht nicht. Ein paar Brocken Französisch helfen, Speisekarten und Straßenschilder zu verstehen, und steigern die Geduld des Gegenübers. Lauthalses Bestehen auf der eigenen Landessprache gilt als Fauxpas und führt zu nichts – außer, dass die kalte Schulter gezeigt wird.

Trinkgeld

Das *pourboire* (Trinkgeld) ist auf der Rechnung ausgewiesen (*service inclus* steht dort ausgedruckt), doch den Betrag je nach Höhe der Rechnung mit 5–10 % aufzurunden, ist nach wie vor üblich. Man legt das Trinkgeld nach Herausgabe des Restgelds diskret auf den Tisch.

Wirtschaftsfaktor Pferd

Im Département Calvados findet man mit knapp 1400 Gestüten die größte Pferdezuchtkonzentration Frankreichs. Begünstigt hat die Entwicklung eine jahrhundertealte Tradition. Schon Wilhelm der Eroberer siegte in Hastings dank der normannischen Kavallerie. Das bullige Kaltblut Percheron hatte Feuer in den kräftigen Lenden. Anno 732 wurde die Rasse nach der vernichtenden Niederlage der Sarazenen durch Karl Martell mit arabischen Pferden gekreuzt. Der Koloss im Apfelschimmelkleid entwickelte sich zum draufgängerischen Schlachtross. Gut die Hälfte aller Vollblutfohlen Frankreichs stammt von Hengsten der beiden normannischen Staatsgestüte Haras du Pin und St-Lô ab. »Gute Pferde macht man im Frühjahr«, behauptet man in Züchterkreisen. Soll heißen: Mit dem saftigen Gras und der jodhaltigen Luft der Normandie kann der Erfolg nicht ausbleiben.

Feste & Unterhaltug

Kunst und Kultur in der Halle au Blé in Alençon

Feiertage

1. Januar Neujahr *(Nouvel An)*
Ostermontag *Lundi de Pâques*
1. Mai Tag der Arbeit *(Fête du Travail)*
8. Mai Deutsche Kapitulation im Zweiten Weltkrieg *(Armistice 1945)*
Christi Himmelfahrt *Ascension*
14. Juli Nationalfeiertag
15. August Mariä Himmelfahrt *(Assomption)*
1. November Allerheiligen *(Toussaint)*
11. November Waffenstillstand im Ersten Weltkrieg *(Armistice 1918)*
25. Dezember Weihnachten *(Noël)*

Feste

Februar

Karneval: Ende Feb. in Granville. Seit 1872 jedes Jahr für vier Tage.

März

Foire du Boudin: 3. Wochenende März in Mortagne-au-Perche. Es dreht sich alles um die Blutwurst.

Mai

Fête de l'Etampe: Am 1. Mai wird im Marais Vernier das Vieh gebrandmarkt, eine Tradition, die auf Heinrich IV. zurückgeht. In Le Marais-Vernier-Village findet ein Fest statt, dem kein Dorfbewohner fernbleibt. Schließlich ist das Land, auf dem das Vieh steht, Gemeinbesitz (s. Tour 4, S. 125).

Fête de Jeanne d'Arc: Ende Mai/Anfang Juni in Rouen. Stadtfest mit Fackelzug, Ausstellungen, Mittelaltermarkt, Messfeier.

Fête des AOC Normandie: Anfang Mai in Cambremer. Wettbewerb um den besten Cidre mit Herkunftsbezeichnung (s. S. 54).

Fêtes de St-Michel: Anfang Mai (und Ende Sept.) auf dem Mont St-Michel. Messfeier und Folklore.

Jazz sous les Pommiers: Um Christi Himmelfahrt in Coutances. Eines der besten Jazz-Festival Frankreichs (www.jazzsouslespommiers.com).

Juni

Fêtes de la Mer: Pfingstsonntag in Honfleur. Fest des Meeres mit Pilgerzug der Seeleute und Segnung der blumengeschmückten Kutter.

Commémoration du Débarquement: Am 6. Juni wird an der Küste die erfolgreiche Landung der Alliierten gefeiert (D-Day). Dazu gehört der Marathon de la Liberté (Freiheitsmarathon) in Courseulles-sur-Mer.

Tractor Pulling: 1. Wochenende Juni in Bernay. Aufgemotzte Traktoren treten zum Wettkampf um die meisten Pferdestärken an. Um den 20. Aug. Traktor-Rallye.

Juli

Armada Rouen: Die größte Windjammerparade der Welt kommt alle vier bis fünf Jahre die Seine hoch nach Rouen (nächster Termin: 5.–14. Juli 2008; www.aramada.org).

Fêtes de la Mer: Ende Juli in Fécamp. Fest zu Ehren der See, mit Bootsausfahrten, Straßenfest, Ausstellungen.

Pélerinage des Grèves: Mitte Juli am Mont St-Michel. Prozession ab dem Pont de Genêts. zum hl. Berg (http://abbayedumontsaintmichel.cef.fr).

Fête de la Mer: Juli/Aug. in Trouville. Schiffsprozession, Ball, Fischerchoräle.

August

Les Traversées de Tatihou: Mehrwöchiges Musikfestival auf der Tatihou-Insel vor St-Vaast-la-Hougue mit Seefahrergesängen, Volkstänzen, Klassik.

Deauville Polo Cup: In Deauville. Mehrwöchiges Poloturnier.

Festival des Nouveaux Talents: In Villers-sur-Mer (variables Datum, Info über Office de Tourisme Tel. 02 31 87 01 18). Vielversprechende Absolventen des Pariser Konservatoriums und Gewinner internationaler Wettbewerbe tragen Proben ihres Könnens vor – Gesang und Kammerkonzerte.

Fête de la Chasse et de la Pêche: 1. Wochenende Aug. im Schloss von Carrouges. Jagdfest mit Messfeier, Wettschießen, Feuerwerk.

Assomption: 15. Aug. in Douvres-la-Délivrande. Große Marienprozession. Alle drei Jahre am 15. Aug. in Port-en-Bessin (nächster Termin 2008). Segnung des Meeres durch den Bischof von Bayeux, Gedenken an die auf See Verschollenen, Prozession zur Statue von Notre-Dame-de-Flots. Papierblumenschmuck in den Straßen, beflaggte Schiffe.

September

Les Nuits Foraines: 2. Wochenende Sept. in St-Lô. Festival freier Theater- und Gauklertruppen, Marionettentheater, Musikgruppen.

Grandes Fêtes Thérésiennes: Ende Sept. in Lisieux. Kolloquium, Prozession, feierliche Messe in der Basilika zu Ehren der hl. Thérèse.

Festival International de Cerf-Volant: Mitte Sept. in geraden Jahren in Dieppe. Profis aus aller Welt lassen am Strand die unglaublichsten Drachen steigen (http://dieppe-cerf-volant.org).

Historischer Markt: 2. Wochenende Sept. in Lessay. Dreitägiges Event zum Fest des hl. Kreuzes. Fr Pferdemarkt, Sa Rinder- und Schafsmarkt, So Hunde- und Haustiermarkt. Dazu gibt es Lamm am Spiess und Cidre aus dem Fass.

Festival du Film Américain: 1. Hälfte Sept. in Deauville. 10-tägiges Festival mit den besten Filme des Jahres aus den Studios der USA; dazu Vorpremieren und ein bisschen Starrummel (www.festivaldeauville.com).

Fête de la Crevette: Ende Sept. in Honfleur. Fest der Krabbenfischer. Alte Fischerboote im Hafen, Verköstigung.

Zauber der Nacht

Les Féeriques de Montgothier bedeuten ein zweistündiges Historienspektakel mit 650 Akteuren, 35 Pferden, imposanten Kulissen, Ton- und Lichteffekten (Juli/Aug. Sa 22 Uhr, Château de Montgothier, 18 km südöstl. von Avranches, Tel. 02 33 60 60 70, www.feeriques.com).

Oktober

Foire de la Pomme: 3. Wochenende im Okt. in Vimoutiers. Großer Apfelmarkt des Pays d'Auge mit Apfelkuchen-Wettbewerb und Rinderschau.

November

Fête aus Harengs et à la Coquille St-Jacques: Am Wochenende nach dem 11. Nov. in Dieppe. Fest anlässlich der Eröffnung der Saison für Hering und Jakobsmuscheln.

Dezember

Foire aux Dindes: Mitte Dez. in Sées. Truthahnmarkt.

Son et Lumière

Pegasus Bridge – La nuit où tout a commencé: März–Nov. in Bénouville. Ton- und Lichtschau über den D-Day am Ort des Geschehens.

Les Musilumières: Juli–Sept. in Sées. Musikalisch untermalte Beleuchtung der berühmten gotischen Kathedrale (www.musilumieres.org).

Perche – Terre de Légendes: Mitte Juli–Mitte Aug. Fr/Sa 22.30 Uhr. Nächtliches Spektakel im Château de Feugerêts bei Bellême zu Ehren des Percheron-Kaltblüters (www.perche-passion.com).

Rund ums Pferd

Haras du Pin: Le Pin-au-Haras, April–Mitte Okt. tgl. 9.30–18 Uhr, sonst 14–17 Uhr. Zum Jahresprogramm des Staatsgestüts gehören Vorführungen, Kutschfahrten, Trabrennen und mehr. Juni–Sept. Do nachmittags Zuchthengste und Gespanne im Ehrenhof (www.haras-nationaux.fr).

Haras National de St-Lô: Juli–Sept. jeden Do 15 Uhr. Große Kutschenparade in prächtigen Uniformen und Präsentation der besten Pferde.

Pferderennen: Anfang Juli–Okt. in Deauville. Mit Versteigerungen von Yearlings (einjährige Pferde), viel Society, viel Schaulauf.

Equi'days: Mitte Okt. Pferderennen und -schauen, Gestütsbesichtigungen im gesamten Département Calvados.

Reinrassig – die Pferde des Gestüts Haras du Pin

Unterwegs mit Kindern

Essen gehen

Kinder sind in der Normandie wie in ganz Frankreich gern gesehene Urlaubsgäste. Restaurants bieten in der Regel ein günstiges *menu enfant*, das mit Pommes oder Crêpes speziell den Kleinen schmeckt. Kinderstühle sind oft vorhanden, Spielzeug oder eine Spielecke hingegen selten. Kinder gehören nach landesweit einhelliger Meinung mit an den Tisch und werden bereits im frühen Alter an längere Tafelrunden gewöhnt.

Unterkünfte

Ein Kinderbett *(lit enfant)* oder Familienzimmer mit mehreren Betten sind in französischen Hotels üblich. Kinderfreundliche Angebote – etwa in Form von Segel- und Paddelkursen oder Animationsveranstaltungen – sind ein Aushängeschild des Feriendorf- und -wohnungsspezialisten Pierre & Vacances, der u. a. Objekte im Pays d'Auge und in Deauvillle anbietet (s. S. 23, www.pierre-et-vacances.de).

Ausflugsziele

Für leuchtende Kinderaugen sorgen die mit viel Schall und Rauch sowie technischem Spektakel organisierten **Son et Lumière-Veranstaltungen** in etlichen Orten, u. a. Bellême, Montgothier, Sées. Interessante **Besichtigungen** bieten etwa der Haras du Pin, das Mémorial in Caen oder das Musée des Terre-Neuvas in Fécamp. Auch die Armada von Rouen lässt Kinderherzen höher schlagen (siehe jeweils Orte A–Z). Ermäßigungen bei Eintritten, Fahrscheinen, Führungen sind eher die Regel.

Das **Ferme-Musée du Contentin** in Ste-Mère-Église ist ein Schaubauernhof mit Mühle, Ställen, Stuben sowie Esel, Gans und Kuh – eindeutig ein Tipp für Kinder.

Das **Musée du Jouet et du Son in La Ferté-Macé** (Anciennes Douches, Tel. 02 33 37 04 08) stellt in einem ehemaligen städtischen Badehaus Spielzeuge und Automaten aus, die beweisen, dass man sich als Kind auch ohne Computerkonsole amüsieren kann.

Auch der Besuch einer **Ferme-auberge** lässt sich leicht zum Streichelzooerlebnis ausdehnen. Nach dem Essen darf man in der Regel eine Tour durch die Ställe machen, um bei Gans, Kuh, Schwein und Ziege vorbeizuschauen.

Strandurlaub

Besonders die breiten und flachen Sandstrände des Calvados und des Cotentin eigenen sich für den Familienurlaub. Vorsicht jedoch bei Ebbe und Flut! Wichtig ist zudem ein entsprechender Sonnenschutz, also Mütze, langes Hemd und Hose sowie eine Sonnencreme mit hohem Lichtschutzfaktor. Spezielle Segel-, Schwimm- oder Surfkurse für Kinder bieten etliche Wassersportstationen längs der Küsten an.

Wo die Flagge **›Kid Station‹** am Fahnenmast gehisst wird, sind Kinder bestens aufgehoben: Unter dem Label gruppieren sich Strandorte, die spezielle Angebote für Kinder zwischen vier und zwölf Jahren bereithalten. Dazu zählen die Ausstattung mit Radwegen und Spielgeräten, Betreuungsangebote, Kurse in Segeln und Schwimmen oder auch Animateure, die die Kleinen ins Sandburgen bauen einführen. Eine Liste der Strandorte steht unter www.stationkid.com im Internet.

Übernachten

Rustikale Gastlichkeit

Das Angebot reicht vom luxuriösen Schlosshotel über den traditionellen Dorfgasthof und der liebevoll dekorierten *chambre d'hôtes* bis zum einfachen Campingplatz mit kalter Dusche.

Hotels

Hotels werden nach Sternen (* bis ****L) eingeteilt. Das Frühstück *(petit déjeuner)* ist im Zimmerpreis oft nicht inbegriffen. Zu den meisten Hotels gehört ein Restaurant mit attraktivem Halb- oder Vollpensionsangebot. Achtung: In der Hauptsaison muss man manchmal Halbpension buchen! In der Regel gilt der Preis für das Zimmer: Singles zahlen deshalb so viel wie Paare.

Schlosshotels & Herrenhäuser: Die Preislagen variieren von der eines Ein-Sterne-Hotels bis zum Luxusniveau. Kataloge verschiedener Vereinigungen verschicken die Fremdenverkehrsämter der Départements (s. S. 34): Bienvenue au Château (Gästezimmer im privat bewohnten Schloss, www.bienvenue-au-chateau.com), Relais & Châteaux (Luxushotels in herrschaftlichen Gemäuern, www.relaischateaux.com), Châteaux et Hôtels de France (Schlosshotels und Hotels mit besonderem historischen Charme, www.chateauxethotels.com).

Logis de France: Gepflegte Traditionshotels, die man am gelbgrünen Kaminsymbol der Vereinigung erkennt. Es handelt sich um Familienbetriebe mit soliden Preisen. Den Jahreskatalog gibt es im Reisebuchhandel oder direkt bei:
Logis de France,
83, av. d'Italie, 75013 Paris,
Tel. 01 45 84 70 00, Fax 01 45 83 59 66,
www.logis-de-france.fr.

Relais du Silence: Häuser, die in diesen Verband exklusiver Hotels aufgenommen werden, garantieren himmlische Ruhe und hohe gastronomische Leistungen. Katalog über:
Relais du Silence,
2, passage du Guesclin, 75015 Paris,
Tel. 01 45 66 77 77, Fax 01 40 65 90 09,
www.silencehotel.com.

Formule 1: Bei diesen Kettenhotels überzeugt in erster Linie der Preis. Die mit einem Doppel- und einem Einzelbett, Waschbecken, TV ausgestatteten Zimmer liegen an Autobahnen, Durchgangsstraßen oder in Industriegebieten. WC und Dusche auf der Etage.
Formule 1, Immeuble Le Descartes,
29, promenade Michel-Simon, BP 159,
93163 Noisy-le-Grand Cedex,
Tel. 01 43 04 01 00, Fax 01 43 05 31 51,
www.hotelformule1.com.

Pieds dans l'eau: Unter dem Begriff ›Mit den Füßen im Wasser‹ haben sich eine Reihe familiärer Hotels zusammengeschlossen, die vor allem die Lage direkt am Meer eint. Ansonsten reicht die Skala vom nüchternen Betonkubus der 1960er Jahre bis zur verspielten Belle-Époque-Villa. Ein Blick ins Internet schafft erste Klarheit: www.lespiedsdansleau.com.

Chambre d'hôtes

Chambre d'hôtes heißt die französische Variante von Bed & Breakfast. Im schönsten Fall kommt eine *table d'hôtes* hinzu – die Möglichkeit, gemeinsam mit den Besitzern und anderen Gästen zu speisen. Das Angebot reicht vom einfachen Zimmer mit Etagenbad bis zu luxuriösen Unterkünften auf Gutshöfen und in Herrenhäusern. Achtung: Bei vielen *chambres d'hôtes* und *tables d'hôtes* kann man nicht mit der Kreditkarte bezahlen! Informationen gibt es bei den regionalen und lokalen Fremdenverkehrsämtern. Viele Gästezimmer finden sich auch im Verzeichnis der Gîtes de France (s. u.).

Ferienhäuser & Apartments

Gîtes de France: Die staatliche Organisation vermittelt Ferienhäuser und -wohnungen *(gîtes)* in ganz Frankreich. Die Vermieter sind in der Regel Leute aus der Gegend. Je nach Lage und Ausstattung werden die Unterkünfte mit ein bis vier Kornähren *(épis)* klassifiziert. Das Logo, ein roter Hahn im offenen Fenster, darunter die Umrisse Frankreichs in Gelb, das Ganze auf einem grünen Kreis, taugt als Wegweiser zum Glück in der Wiese. Den Katalog gibt es über die französische Reservierungszentrale:
Gîtes de France,
35, rue Godot de Mauroy, 75009 Paris,
Tel. 01 49 70 75 75, Fax 01 42 81 28 53,
www.gites-de-france.fr.

Clévacances: Diese halbstaatliche Organisation vermittelt frankreichweit 1800 *chambres d'hôtes* und 20 000 *locations* (Wohnungen/Häuser) – je nach Komfort mit ein bis fünf Schlüsseln *(clés)* klassifiziert und direkt buchbar. www.clevacances.com.

Pierre & Vacances: Beim größten französischen Freizeitimmobilienanbieter hat man die Wahl zwischen Feriendörfern, Residenzen, Hotels und Villen – je nach Bedürfnis mit Selbstversorgung oder Hotelservice. Die Objekte befinden sich immer in bevorzugter Lage.
Pierre & Vacances Deutschand,
Kaltenbornweg 1–3, 50679 Köln,
Tel. 018 05/90 10 11 (0,14 €/Min.),
www.pierre-et-vacances.de.

Die Normandie haben u. a. auch die folgenden Reiseveranstalter im Programm:

Inter Chalet
Postfach 5420, 79021 Freiburg,
Tel. 0761/21 00 77, Fax 210 01 54,
www.interchalet.com.

Wolters Reisen
Postfach 1151, 28801 Stuhr/Bremen,
Tel. 0421/89 99 92 90, Fax 80 14 47,
www.wolters-reisen.de.

Camping

Vom luxuriösen Platz mit Pool und Tennisplatz bis zum *camping à la ferme* (Zelten auf dem Bauernhof) mit Gartenschlauchdusche findet jeder einen Platz nach seinem Geschmack. Für die Hauptsaison muss lange im Voraus reserviert werden. Ein Verzeichnis kann man beim regionalen Fremdenverkehrsamt anfordern (s. S. 34).

Jugendherberge

Ein internationaler Jugendherbergsausweis ist erforderlich. Ein Verzeichnis aller *auberges de jeunesse* kann man bei der Fédération Unie des Auberges de Jeunesse bestellen:
FUAJ, 27, rue Pajol, 75018 Paris,
Tel. 01 44 89 87 27, Fax 01 44 89 87 10,
www.fuaj.org.

Essen & Trinken

Treffpunkt Straßencafé

Wo isst man was?

Beim Frühstück geht es etwas spartanisch los, ein Stück *baguette,* vielleicht ein *croissant* oder ein *pain au chocolat,* dazu Butter, Konfitüre sowie Kaffee und Tee. Wenn das Frühstück nicht im Hotelpreis inbegriffen ist, kann man zu *café au lait* samt *croissant* ins Café um die Ecke ausweichen.

Café oder Bar bedeutet so viel wie Kneipe. Für den Hunger zwischendurch gibt es ein *sandwich,* vielleicht auch eine *quiche.* Für *petits fours* und Kuchen geht man hingegen in einen *salon de thé.* Mittags bieten viele Bars und Cafés ein preiswertes Menü oder Tagesgericht *(plat du jour)* an. Nach dem Aperitif für die heimkehrende werktätige Bevölkerung schließen etliche dieser Etablissements, meist gegen 20 Uhr.

Jetzt schlägt die Stunde des Restaurants, wo ab etwa 19.30 Uhr die ersten Bestellungen entgegengenommen werden. Entweder wählt man zwischen den vorgeschlagenen Menüs oder man speist teurer *à la carte.* Im Winter macht die Küche spätestens gegen 21.30 Uhr dicht: Gute Gerichte wollen lange vorbereitet sein und fürs Küchenpersonal gilt die 38-Stunden-Woche. Man hat die Wahl zwischen dem kleinen Bistro ›um die Ecke‹ und dem *restaurant gastronomique* – wo man tief ins Portemonnaie greifen muss. Unter Bistro verstand man früher Restaurants, in denen man unkompliziert schnell etwas essen konnte. Der Begriff hat einen Bedeutungswandel durchlaufen. An die Herkunft des Bistros erinnert der im Gegensatz zum Restaurant weniger offizielle Rahmen – die Preise nicht mehr.

Weniger streng an Mittags- und Abendzeiten halten sich Brasserien: Nachtschwärmer in Rouen oder Caen etwa können hier nach dem Kinobesuch noch einkehren. Das Rezept heißt ›durchgehend warme Küche‹.

Samstagabend und Sonntagmittag sind in Frankreich für ein Essen außer Haus beliebt – entsprechend groß ist der Andrang. Viele Restaurants legen nach dem Ansturm am Sonntagabend und Montag ihren Ruhetag ein. Den Tisch zu reservieren empfiehlt sich fast immer.

Immer verbreiteter wird die *table d'hôtes:* Man speist bei den Gastgebern der *chambre d'hôtes.* Serviert wird ein einziges Menü, das im schönsten Fall zuvor mit dem Gast abgesprochen wurde. Ähnlich funktioniert die *ferme-auberge:* man geht nach Reservierung auf einem Bauernhof zu Tisch. Aufgetragen werden nur Speisen aus Produkten vom eigenen oder von benachbarten Höfen.

Restaurant-Knigge

Man setzt sich nicht sofort, und schon gar nicht zu anderen Gästen an den Tisch, sondern überlässt es dem Kellner, einen Tisch vorzuschlagen – den man natürlich höflich ablehnen und um einen anderen Platz bitten kann. Nachdem die Speisekarten verteilt sind, fragt der Kellner, ob man einen Aperitif wünsche *(Désirez-vous prendre un apéritif?)*. Die Getränkekarte erhält bei gemischten Paaren traditionell der Mann, dem auch die Probe des Weins vom Kellner angetragen wird. Hat man gewählt, signalisiert man dies durch das Zuschlagen der Karte. Die Bedienung wird mit *Monsieur!* oder *Madame!* angeredet. Zwar lockern sich die Restaurantregeln, doch abends nur Salat oder eine Vorspeise zu bestellen, ist ein Unding. Mittags nur einen Hauptgang zu wählen, ist hingegen kein Fauxpas.

Die Abfolge von Vorspeise, Hauptgang, Dessert und *café* erfordert Zeit. Die Rechnung wird am Schluss nur auf Aufforderung gebracht. Dazu reicht ein Zeichen – lautes Zurufen ist verpönt. Die *addition* umfasst immer den Gesamtbetrag und sollte von einer Person beglichen werden – getrennt zu bezahlen, käme keinem Franzosen in den Sinn. Obwohl strenge Kleiderordnungen passé sind: Shorts gehören auf die Caféterrasse, nicht ins Restaurant. In guten Restaurants wird *tenue correcte* erwartet, was heute jedoch nicht viel mehr als lange Hosen bedeutet.

Regionale Spezialitäten

Ein gebackener Camembert, eine deftige *paté* (Pastete) vom Schwein oder von der Ente, eine *assiette de charcuterie* (Wurstplatte), Cotentin-Schinken, wahlweise eine *assiette de crudité* (Salat-Gemüseplatte, natürlich mit roter Beete und geraspelten Karotten), ein *plateau de fruits de mer* (Meeresfrüchteteller), *huîtres* (Austern) oder *moules à la crème* (Muscheln in Sahnesauce) zählen zu den typischen Vorspeisen.

Weiter geht es an der Küste mit *blanquette de coquilles St-Jacques* (Jakobsmuscheln in einer Butter-Calvados-Sauce), mit *carrelet au beurre* (Scholle in Butter), *raie aux câpres* (Rochen mit Kapern), in Dieppe mit einer *marmite* (Fischtopf), im Cotentin mit *homard* (Hummer) von den Chausey-Inseln, am Mont St-Michel auch mit *agneau pré-salé* (Salzlamm). Die *andouille* aus Vire oder Alençon mag nicht jedermanns Sache sein. So wie die Kuttelwurst aber gehören *tripes* (Innereien) zu den Spezialitäten – letztere besonders in der Region Caen, wo sie mit einem kräftigen Schuss Calvados serviert werden. Ente mit Cidre, Schweinekoteletts, ein Omelette, Hähnchen oder Kaninchen sind weitere Hauptspeisen.

Ein Kuhkäse leitet als Zwischengang zum Dessert über. Wer keinen Platz mehr im Magen hat, greift auf das bewährte Hausmittel *trou normand* zurück: Beim ›normannischen Loch‹ flößt man sich ein Gläschen Calvados ein – der brennt dann ein bisschen Platz frei. Beim Dessert dreht sich vieles um Äpfel. *Tarte aux pommes* (Apfelkuchen mit dünnem Mürbeteig und einem Schlag *crème fraîche*), dazu eine Kugel Vanilleeis, *douillon aux pommes* (Blätterteigkuchen mit Apfelfüllung), *teurgoule* (Reiskuchen) sind echte Klassiker.

Cidre passt zu allem, denn man kann zwischen *doux* (lieblich), *brut* (trocken) und *mousseux* (schäumend) wählen. Der normannische Aperitif heißt Pommeau und wird aus zwei Drittel Apfelsaft und einem Drittel Calvados gemischt. Calvados ist ein Apfeldigestif, der es mit 50–55 % Alkoholgehalt in sich hat.

Kulinarisches Lexikon

Zubereitung

... à la crème ... in Sahnesauce
au beurre in Butter gebraten
bien cuit (cuite) gut durchgebraten
brochette Spießchen
côte de ... Rippenstück vom ...
cru/crue roh
en carafe/au pichet im Krug
en croûte (de sel) im (Salz-)mantel
fermier/fermière vom Bauernhof
fumé/fumée geräuchert
grillades Grillgerichte
grillé/grillée gegrillt
pavé Fleisch- oder Fischstück in Form eines Plastersteins
poêlé/poêlée aus der Pfanne
point (à point) medium gebraten
rôti de ... Braten von ...

Fisch & Meeresfrüchte

arête Gräte
brochet Hecht
bigorneau Seeschnecke
bisque de homard Hummercremesuppe
carrelet Scholle
coquilles Muscheln
crab Krebs
crevettes Krabben
fruits de mer Meeresfrüchte
homard Hummer
huîtres Austern
maquereau Makrele
morue Kabeljau
moules Miesmuscheln
noix de St-Jacques der feinste Teil der Jakobsmuschel
poisson fisch
raie Rochen
St-Pierre Petersfisch
saumon Lachs
sole Seezunge
tourteau Taschenkrebs
turbot/(turbotin) (kleiner) Steinbutt

Fleisch & Geflügel

agneau (pré-salé) (Salz-)Lamm
andouille Kuttelwurst
andouillette Innereienwurst
bœuf Rind
boudin noir Blutwurst
caille Wachtel
canard Ente
carré (d'agneau) (Lamm-)rücken
charcuterie Wurst(-platte)
(noisette de) chevreuil Reh(-nüsschen)
dinde Puter
entrecôte Zwischenrippenstück
épaule Schulter
escalope Schnitzel/Schnitte
faux-filet Roastbeef
foie gras Stopfleber
gésier Geflügelmagen
gibier Wild
gigot d'agneau Lammkeule
jambon (cru/fumé) (roher/geräucherter) Schinken
langue de bœuf Kalbszunge
lapin Kaninchen
lard Speck
lièvre Hase
magret de canard Entenbrust
mouton Hammel
pâté Pastete
pigeon Taube
porc Schwein
poule Huhn
poulet Hähnchen
ris de veau Kalbsbries
rognons de veau Kalbsnieren
saucisse Bratwurst
saucisson Hartwurst, Salami
tripes (à la mode de Caen) Kutteln (wie in Caen mit Calvados zubereitet)
veau Kalb
viande Fleisch
volaille Geflügel

Gemüse & Beilagen

asperges (vertes) (grüner) Spargel
artichaut Artischocke
betterave rote Beete
blette Mangold
chou(-fleur) (Blumen-) Kohl
courgette Zucchini
crudités Rohkost
cèpes Steinpilze
champignons de Paris weiße Champignons
concombre Gurke
épinard Spinat
haricots (verts) (grüne) Bohnen
laitue Kopfsalat
legume Gemüse
lentilles Linsen
oignon Zwiebel
pain Brot
pâtes (fraîches) (frische) Nudeln
(petits) pois (junge) Erbsen
poireau Lauch
pommes de terre Kartoffeln
potage Suppe aus püriertem Gemüse
riz Reis

Kräuter & Gewürze

ail Knoblauch
aneth Dill
câpres Kapern
ciboulette Schnittlauch
épices Gewürze
fenouil Fenchel
gingembre Ingwer
herbes Kräuter
moutarde Senf
oseille Sauermpfer
persille Petersilie
poivre Pfeffer
sel (gros sel) (grobkörniges) Salz
vinaigre Essig

Obst, Dessert & Käse

brioche Hefebrot, süß
charlotte (aux fraises) Löffelbiscuits, Creme (und Erdbeeren)
chausson aux pommes Apfelblätterteigkuchen
chèvre Ziegenkäse, Ziege
coupe de glace Eisbecher
crème anglaise Vanillecreme
crème chantilly Schlagsahne
crêpe dünner Pfannkuchen
douillon Apfel in Blätterteig
fraises (des forêts) (Wald-)Erdbeeren
framboises Himbeeren
fromage Käse
fruits Obst, Früchte
gâteau Kuchen
(coupe de) glace Eis(-becher)
groseille Johannisbeeren
île flottante Eischnee auf Vanillecreme
meringue weiches Baiser
mûre Brombeere
noix Walnuss
pâtisserie Feinbäckerei
poire Birne
pomme Apfel
pruneau/prune Back-/Pflaume
tarte Kuchen, süß oder salzig
tarte aux pommes Apfeltorte
teurgeule Reiskuchen

Getränke

bière (pression) frisch gezapftes Bier
cidre (doux/brut/mousseux) Apfelwein (lieblich/trocken/Schaum-)
eau de vie Schnaps, Obstbrand
eau gazeuse/pétillante Mineralwasser mit Kohlensäure
eau plate stilles Wasser
jus Saft
lait Milch
vin (blanc/rouge/rosé) Wein (weiß, rot, rosé)

Aktivurlaub

Hoch zu Ross zu den Sehenswürdigkeiten der Normandie

Badestrände

Gut 600 km Küste von Le Tréport im Nordosten bis zum Mont St-Michel im Südwesten garantieren Badefreuden im Großformat. Viele Strände werden in der Saison überwacht. Vorsicht bei Strömungen in der Nähe von Flussmündungen! Ungedingt auf die Gezeiten achten – die aktuellen Daten hängen am Strand oder am örtlichen Office de Tourisme aus.

Die schönsten Strände von Nordosten nach Südwesten: Wenn in **Veules-les-Roses** das Meer zurückweicht, taucht ein Sandstrand mit Blick auf den zauberhaften Ort auf. Tief ins Kreidegestein eingeschnitten ist der Kieselstrand von **Les Petites Dalles** norddöstlich von **Fécamp**: Hier stieg schon die österreichische Kaiserin Sissi gern ins Wasser. In **Trouville** bietet der Sandstrand **Les Roches Noires** ein unverbautes Stück Côte Fleurie. Auf dem rechten Ufer der Orne-Mündung bei **Merville-Franceville** stört ebenfalls kein Haus die Landschaft mit Dünen und Sandbänken. Der Tipp für die Côte de Nacre lautet **Omaha Beach** – Sand ohne Ende. Durch Erika, Farn und Ginster geht es südlich von **La Hague** zur **Anse de Vauville** – hohe Wellen, Wind und grandiose Aussicht inklusive. Nördlich von **Carteret** schwingen sich die Dünen über dem Naturstrand zu einem wahren Kleingebirge auf. In **Granville** geht man im Schatten der auf einem Fels thronenden Altstadt ins Wasser.

Fahrrad und Mountainbike

Eine bummelige Landstraße fast ohne motorisierten Verkehr findet sich schnell. Immer öfter haben Radfahrer zudem Vorfahrt, etwa auf der Küstenstrecke Fécamp–Étretat. Fürs Mountainbike *(vélo tout terrain – VTT)* wurden vor allem in der Normannischen Schweiz zahlreiche Pisten eröffnet, so etwa bei Clécy, am rechten Ufer der Orne.

Informationen über die Ligue Régionale de Cyclotourisme de Haute-Normandie (6, clos Tiger, 27170 Beaumontel, Tel. 02 32 45 35 06, www.cyclotourisme-haute-normandie.com) und die Ligue Régionale de Cyclotourisme de Basse-Normandie (20, rue du Beau Site, 14250 Tilly-sur-Seulles).

Organisierte Radwanderungen, ob mit oder ohne Gepäcktransport, kann man über France Randonnée buchen (9, rue des Portes-Mordelaises, 35000 Rennes, Tel. 02 99 67 42 21, Fax 02 99 67 42 23, www.france-randonnee.fr).

Golf

Zum Schläger greifen mit Blick auf die Hügel der Normannischen Schweiz (Golf de Clécy-Canteloup, Tel. 02 31 69

72 72, www.golf-de-clecy.com, 18-Loch) oder wie in Port-en-Bessin in der Meeresbrise (Omaha Beach Golf Club, Tel. 02 31 22 12 12, www.omahabeachgolfclub.com, 18- und 9-Loch) – bei der Vorliebe zum Golf gibt sich die Normandie *very british.* Allein zwölf Plätze liegen direkt an der Küste. Bisweilen spielt man am Abgrund vor der dramatischen Kulisse bleicher Kalkklippen (Golf d'Étretat, Tel. 02 35 27 04 89, www.golfetretat.com, 18-Loch), bisweilen fast auf dem Sandstrand (Golf de Cabourg Le Hôme, Tel. 02 31 91 24 56, golf-cabourg-le-home@worldonline.fr, 18-Loch). Eine Liste mit 36 Golfplätzen verschickt das CRT Normandie (s. S. 34).

Reiten

Die Normandie ist Frankreichs wichtigste Pferdezuchtregion. Entsprechend gut entwickelt ist das Angebot für Reiter. Allein im Département Orne gibt es über 2000 km Reitwege. Eine ganze Reihe von Gestüten und Reiterhöfen bieten Tagestouren oder Wochenwanderungen hoch zu Ross an. Hinzu kommen Reitschulen für jedes Niveau und Alter.

Informationen erteilen die Association Régionale de Tourisme Équestre de Haute-Normandie (Rue Fontaine Bulant, 27380 Charleval, Tel. 02 32 49 20 48) und die Association Régionale de Tourisme Équestre de Basse-Normandie (Rue de Bérigny, Tel. 02 31 51 21 12).

Organisierte Reitwanderungen mit pferdegerechter Unterkunft kann man über France Randonnée buchen (9, rue des Portes-Mordelaises, F-35000 Rennes, Tel. 02 99 67 42 21, Fax 02 99 67 42 23, www.france-randonnee.fr).

Segeln, Surfen, Strandsegeln

Im Wind dahinzugleiten wird an allen Küsten der Normandie groß geschrieben. Knapp 40 Jachthäfen mit über 1300 Anlegeplätzen stehen für Segler bereit. Je besuchter ein Strandort ist, um so eher findet man einen *club nautique,* der das gesamte Spektrum der verschiedenen Wassersportarten abdeckt. Anders gesagt: An der Côte Fleurie und der Côte de Nacre stehen die Chancen am besten.

Strandorte, die sich besonders auf **Segelsportler,** aber auch auf Surfer und Strandsegler, eingerichtet haben, tragen das Label *Station voile.* Segel-

Pilgerrouten

Ein besonderer Wandertipp sind die **Chemins du Mont St-Michel.** Alle Pilgerwege durch die Normandie führen zum Mont St-Michel, viele jedoch waren nicht mehr beschildert oder überhaupt begehbar. Seit 1998 richten Freiwillige die mittelalterlichen Pilgerrouten wieder her. Von zehn historischen Routen sind sechs bereits wieder ausgeschildert, darunter der 308 km lange **Chemin de Rouen,** der von der normannischen Hauptstadt über die Abtei Le Bec-Hellouin, Falaise – Geburtsort Wilhelm des Eroberers – und die Bischofsstadt Avranches führt. Mit 180 km deutlich kürzer ist der **Chemin des Anglais.** Start ist in Barfleur, dort wo die englischen Pilger früher an Land gingen. Danach geht es immer der Küste des Cotentin nach zum ›Heiligen Berg‹. Routenbeschreibungen, Übernachtungstipps und Karten erhält man bei der Association Les Chemins du Mont St-Michel (rue de L'Allière, Vire, Tel. 02 31 66 10 02, www.leschemins dumontsaintmichel.com).

schulen mit dem Emblem *École Française de Voile* bürgen für hohe Professionalität und Sicherheit. Einen Überblick über Segelschulen und -reviere vermittelt das Portal der Fédération Française de Voile (www.ffvoile.org).

Als heißer Tipp speziell für **Surfer** wird die Plage des Roches Noires in Trouville gehandelt. Der Strand schließt sich hinter dem Club Nautique an (wo man praktischerweise Surfkurse buchen und Bretter leihen kann, Tel. 02 31 88 13 59, www.cnth.org). Ebenfalls bei Surfern beliebt ist die Côte de Nacre bei Grandcamp-Maisy: Die École de Voile bietet Surfkurse an und verleiht Material (Tel. 02 31 22 14 35). Bestens geeignet ist auch die Bucht des Mont St-Michel, weil der Tidenhub in der Normandie an keinem Küstenabschnitt mächtiger ist. In Grandville rasen daher bei Ebbe die Strandsegler über den Sand, und die Surfer steigen bei Flut aufs Brett (Centre Régional du Nautisme, Tel. 02 33 50 51 99, www.granville.fr). Wild ist der letzte Tipp: Im Süden des Cap de la Hague zieht die Plage de Siouville dank starker Wellen eine eingeschworene Gemeinde von Surfern an. Hinweise auf Schulen mit dem Qualitätslabel *École Française de Surf* findet man im Portal der Fédération Française de Surf, dazu Aktuelles aus der Surferszene (www.fedesurf.com).

Strandsegeln *(char à voile)* ist eine Sportart für die man erstens Platz, zweitens Wind, drittens viel platten Sand braucht. An der Côte Fleurie und an der Côte de Nacre sind alle drei Bedingungen erfüllt. Bei Ebbe zieht sich das Meer weit zurück und hinterlässt eine feuchte, feste Sandpiste. Seit den 1980er Jahren ist Strandsegeln im Aufwind. Vor allem im Frühjahr und Herbst werden die knapp 6 m² großen Segel über den flachen Dreirädern gesetzt. Als bester Spot für die rasenden Kisten gilt der 7 km lange Omaha Beach zwi-

Bei Ebbe flitzen die *chars à voile* über den Strand von Deauville

schen Port-en-Bessin und der Pointe du Hoc: Regelmäßig finden Wettrennen im Strandsegeln statt. 110 km/h sind dabei keine Seltenheit. Wer sich als Strandsegler üben möchte, ist mit dem Centre Nautique von Deauville (Tel. 02 31 14 02 19) gut beraten. Es werden Gruppenkurse und Einzelunterricht angeboten. Eine Adresse für Strandsegler und Surfer ist Cabourg dank der École de Voile (Tel. 02 31 91 27 00 oder 02 31 92 17 44): Bretter und *chars à voile* gibt es zum Ausleihen. Das benachbarte Ouistreham ist übrigens eine *Station voile.*

Wandern

Napoleon ist der Vater aller normannischen Küstenwanderwege, einerlei ob sie längs des Ärmelkanals oder rund um die Cotentin-Halbinsel verlaufen. Um Frankreich gegen illegale Importe zu schützen, ließ der Korse an allen Küsten Zöllnerpfade anlegen, von denen aus ein Heer wandernder Zöllner fremde Schiffe meldete. Aus den Zöllnerpfaden wurden gut markierte Küstenwanderwege, die einmalige Naturerlebnisse verschaffen.

Herrliche Aussichten von schwindelnden Klippen und lange Strände garantieren der GR 21 an der Côte d'Albâtre und der GR 223 an der Côte de Nacre und um die gesamte Cotentin-Halbinsel. Im Inland warten Fernwanderwege durch die Normannische Schweiz (Gr 36/221) und unzählige *chemins de pays* (Tagestouren, Rundwege) auf Erkundung. Organisierte Wanderungen inklusive Übernachtung, ob mit oder ohne Gepäcktransport kann man über France Randonnée buchen (9, rue des Portes-Mordelaises, 35000 Rennes, Tel. 02 99 67 42 21, Fax 02 99 67 42 23, www.france-randon nee.fr).

Thalassotherapie – Salzwasser Marsch

Thalassa nannten die Griechen das Meer. Thalassotherapie bedeutet die moderne Umsetzung einer uralten Erkenntnis: Das Meer heilt. Der Erfolg liegt in der gesunden Mischung: Warme Schlammwickel, Fitness am Strand, und abends ist im Restaurant des Thalassotherapie-Zentrums reserviert, das nicht selten von den einschlägigen Gourmetführern empfohlen wird. Wellness *à la française* verheißt ein sinnliches Vergnügen, inklusive Genuss. Das *dossier thermal* stellt die für jeden Neuankömmling eigens ausgeklügelte Wellness-Dramaturgie zusammen. Dazu zählen Jacuzzi, zerstäubtes Meerwasser inhalieren, Starkstrahldusche, Hammam, Gegenstrom-Schwimmen, Rückenschule, Algentherapie, Aqua-Stretching, Yoga und Atemgymnastik am Strand.

Mit der altbekannten Seekur – ›Strandpromenade rauf, Strandpromenade runter‹ – hat die Thalassotherapie wenig zu tun. Die Klientel ist entsprechend jung. Mehr als zwei Drittel der Gäste sind unter 50 Jahre alt, jeder dritte Gast ist ein Mann. An den Küsten der Normandie sind die Centres de Thalassothérapie von Deauville, Luc-sur-Mer, Ouistreham und Granville eine Einladung, sich von Stress, Tabaksucht, Rückenschmerzen, Schlafstörungen oder einfach dem Alltag zu verabschieden: Nichts wie rein in den butterweichen Bademantel und dann Salzwasser Marsch (Info: Résseau Allô Thalasso, www.allo-thalasso.com).

Tief im Landesinnern kann man sich es ebenfalls im Thermalbad Bagnoles-de-l'Orne gut gehen lassen. Wo in der Belle Époque brav gekurt wurde, stehen die Zeichen heute auf Anti-Stress- und Rücken-Wellness.

Sprachführer

Allgemeines

Guten Tag	bonjour
Guten Abend	bonsoir
Auf Wiedersehen	au revoir
Wie geht's?	Ça va?
Danke, gut.	Merci, bien.
bitte	s'il vous plaît
danke	merci
Entschuldigung	pardon
Ich heiße …	Je m'appelle …
Wo ist …	Où est …?
Wann?	Quand?

Zeit

Sonntag	dimanche
Montag	lundi
Dienstag	mardi
Mittwoch	mercredi
Donnerstag	jeudi
Freitag	vendredi
Samstag	samedi
Feiertag	jour de fête
Minute	minute
Stunde	heure
Tag	jour
Woche	semaine
Monat	mois
Jahr	année
heute	aujourd'hui
gestern	hier
morgen	demain
morgens	le matin
mittags	à midi
nachmittags	l'après-midi
abends	le soir
vor / nach	avant / après
früh / spät	tôt / tard

Notfall

Hilfe!	Au secours!
Polizei	police
Arzt	medecin
Unfall	accident
Panne	panne

Unterwegs

Haltestelle	arrêt
Bus	bus, car
Fahrkarte	ticket
Bahnhof	gare
Flughafen	aéroport
Auto	voiture
Eingang	entrée
Ausfahrt	sortie
bei	chez
links / rechts	à gauche / à droite
geradeaus	tout droit
hier / dort	ici / là
Stadtplan	plan de ville
Auskunft	information
Vorsicht	attention
Bank	banque
Telefon	téléphone
Telefonkarte	télécarte
Post	poste
geöffnet	ouvert
geschlossen	fermé

Einkaufen

kaufen	acheter
Geschäft	magasin
Markt	marché
bar	en espèces
Geld	argent
Scheck	chèque
Kreditkarte	carte de crédit
teuer	cher
billig	bon marché
Wieviel?	Combien?

Im Hotel

Zimmer	chambre
für eine Person	pour une personne
Bad	salle de bains
Dusche	douche
Doppelbett	grand lit
Einzelbetten	deux lits
Schlüssel	clé
Handtuch	serviette

Aufzug	ascenseur
Gepäck	bagages
Pass	passeport
Ausweis	carte d'identité
Quittung	facture
Empfang	réception
wecken	réveiller
Preis	prix
Rechnung	note
Name	nom
Vorname	prénom
Ankunft	arrivée
Abfahrt	départ
Parkplatz	parking
Zelt	tente
Wohnwagen	caravan

Im Restaurant

Frühstück	petit déjeuner
Mittagessen	déjeuner
Abendessen	dîner
Mahlzeit	repas
essen / trinken	manger / boire
Tisch	table
reservieren	réserver
Messer	couteau
Gabel	fourchette
Löffel	cuillère
Teelöffel	petite cuillère
Teller	assiette
Flasche	bouteille
Glas	verre
Speisekarte	carte, menu
Weinkarte	carte des vins
Vorspeise	hors d'œuvre
Hauptgericht	plat principal
Tagesgericht	plat du jour
Nachspeise	dessert
zahlen	payer
Rechnung	addition
vegetarisch	végétarien
Wasser	de l'eau
Getränk	boisson
mit Kohlensäure	gazeux

1	un	16	seize
2	deux	17	dix-sept
3	trois	18	dix-huit
4	quatre	19	dix-neuf
5	cinq	20	vingt
6	six	30	trente
7	sept	40	quarante
8	huit	50	cinquante
9	neuf	60	soixante
10	dix	70	soixante-dix
11	onze	80	quatre-vingt
12	douze	90	quatre-vingt-dix
13	treize		
14	quatorze	100	cent
15	quinze	1000	mille

Wichtige Sätze

Wie komme ich nach …? Comment j'arrive à …?
Wieviel kostet das? Ça coûte combien?
Wo finde ich …? Où est-ce que je peux trouver …?
Ich brauche … J'ai besoin de…
Wann öffnet/schließt …? Quand ouvre/ferme …?
Haben Sie ein freies Zimmer? Avez-vous une chambre de libre?
Sprechen Sie Deutsch/Englisch? Parlez-vous l'allemand/l'anglais?
Wo kann ich den Wagen parken? Où puis-je garer ma voiture?
Können Sie mir helfen? Pourriez-vous m'aider?
Hau ab! Fiche le camp!

Auskunft

Maison de la France
www.franceguide.com

… in Deutschland
Zeppelinallee 37
60325 Frankfurt/Main
Infomaterial: Tel. 0190/57 00 25
(0,62 €/Min., 9–16.30 Uhr sonst AB)
Fax 0190/59 90 61
info.de@franceguide.com

… in Österreich
Argentinierstraße 41a
1040 Wien
Tel: 0900/25 00 15 (0,68 €/Min.)
Fax 01/503 28 71
info.at@franceguide.com

… in der Schweiz
Rennweg 42, Postfach 7226
8023 Zürich
Tel. 09 00/90 06 99 (1,20 € Einwahlgebühr plus 0,30 €/Min.)
Fax 01/217 46 17
info.zrh@franceguide.com

Comité Régional du Tourisme de la Normandie (CRT)
14, rue Charles Corbeau
27000 Évreux
Tel. 02 32 33 79 00
Fax 02 32 31 19 04
info@normandy-tourism.org
www.normandy-tourism.org
Das regionale Fremdenverkehrsamt verschickt ausführliches Material (auch auf Deutsch) zur gesamten Region.

Comité Départemental de Tourisme (CDT):

CDT Eure
3, rue du commandant Letellier, BP 367
27003 Évreux Cedex
Tel. 02 32 62 04 27
Fax 02 32 31 05 98
info@cdt-eure.fr
www.tourism-eure.com

CDT Seine-Maritime
6, rue Couronne, BP 60
76420 Bihorel
Tel. 02 35 12 10 10
Fax 02 35 59 86 04
seine.maritime.tourisme@wanadoo.fr
www.seine-maritime-tourisme.com

CDT Calvados
8, rue Renoir
14054 Caen Cedex 4
Tel. 02 31 27 90 30
Fax 02 31 27 90 35
cdt@cg14.fr
www.calvados-tourisme.com

CDT Orne
BP 50, 86, rue St-Blaise
61002 Alençon Cedex
Tel. 02 33 28 88 71
Fax 02 33 29 81 60
orne.tourisme@ornetourisme.com
www.ornetourisme.com

CDT Manche
La Maison du Département
50008 St-Lo Cedex
Tel. 02 33 05 98 70
Fax 02 33 56 07 03
manchetourisme@cg50.fr
www.manchetourisme.com

Einreise

Für EU-Bürger und Schweizer reichen Personalausweis oder Identitätskarte. Kinder unter 16 Jahren ohne eigenen Ausweis müssen im Reisedokument der Eltern eingetragen sein.

Frei mitgenommen werden dürfen 10 l Spirituosen, 20 l andere alkoholische Getränke mit max. 22 %, 90 l Wein, davon max. 60 l Schaumwein, 110 l Bier. Bei Tabak liegen die Grenzen bei 800 Zigaretten, 400 Zigarillos, 200 Zigarren oder 1 kg Tabak.

Anreise

Mit dem Flugzeug

Alle Wege führen über Paris. Von dort ist es mit dem Zug ab der Gare Lazare, seltener ab Gare Montparnasse (Alençon, Granville) oder Leihwagen nur ein Sprung in die Normandie. Air France bietet die günstigen Sondertarife Fly by 42 oder 28 – bei entsprechend früher Buchung (Reservierungszentrale Tel. 018 05/83 08 30, www.airfrance.de). Auch bei Lufthansa gibt es Sondertarife (Tel. 01803/803 803, www.lufthansa.de). Billigflieger wie HLX (www.hlx.com) oder Germanwings (www.germanwings.de) fliegen von verschiedenen deutschen Städten nach Paris.

Mit der Bahn

Der TGV fährt nur nach Alençon (Reservierung und Zuschlag erforderlich!). Aber auch ohne den Hochgeschwindigkeitszug sind die Fahrzeiten ab Paris kurz: Rouen 1 Std. 15 Min., Caen knapp 2 Std., Deauville 2 Std. 30 Min.
Fahrplanauskunft und **Fahrscheine** der französischen Eisenbahn SNCF im Internet unter www.sncf.de oder www.sncf-voyages.com sowie über das Straßburger SNCF-Büro, Tel. 00 33/892 35 35 36 (deutschsprachig) oder in Deutschland bei Rail Europe, Tel. 01 80/521 82 38, Fax 02 21/91 39 31 20, www.raileurope.de.

Mit dem Auto

Seit die A 28 die Obere Normandie von der Grenze zur Picardie bis Le Havre durchquert, führen nicht mehr alle Wege über Paris. Für Reisende aus den Niederlanden, Belgien, Nord- und Westdeutschland ist der Weg somit kürzer geworden. Reisende aus der Schweiz, Südwest- und Süddeutschland fahren hingegen über Paris, dann über die A 13 nach Rouen, Caen. Autobahnen sind gebührenpflichtig (*péage,* zu zahlen mit Bargeld oder Kreditkarte – *CB*). Neben der grünen Versicherungskarte sollte man sich vor Antritt der Reise einen Auslandsschutzbrief (Unfall, Krankheit, Diebstahl) besorgen.

Geld

Landeswährung ist der Euro. 1 € = 1,45 CHF bzw. 1 CHF = 0,63 €, Stand 2006. Kreditkarten haben sich überall durchgesetzt (gängig sind Visa und Eurocard). Mit der EC/Maestro-Karte kann an vielen Bankautomaten Geld abgehoben werden.

Sicherheit

Die Normandie ist ein sicheres Reiseziel. Sicherheitstipp Nummer eins lautet dennoch: Nichts im Wagen zurücklassen, auch nicht an einsamen Wanderparkplätzen!

Notfall

Polizei: 17
Feuerwehr: 18
Krankenwagen und Notarzt (S.A.M.U.): 15, oder im Telefonbuch nachschlagen
ADAC (deutschsprachiger Notdienst in Lyon): Tel. 04 72 17 12 22

Diplomatische Vertretungen

Deutsche Botschaft
13–15, av. Franklin D. Roosevelt
75008 Paris
Tel. 01 53 83 45 00
Fax 01 43 59 74 18
www.amb-allemagne.fr

Österreichische Botschaft
6, rue Fabert, 75007 Paris
Tel. 01 40 63 30 63
Fax 01 45 55 63 65
www.amb-autriche.fr

Schweizer Botschaft
142, rue de Grenelle, 75007 Paris
Tel. 01 49 55 67 00
Fax 01 49 55 67 67
www.eda.admin.ch

Telefonieren

Innerhalb Frankreichs gibt es keine Ortsvorwahlen, die Rufnummern sind immer zehnstellig. Von 21.30 bis 8 Uhr, Sa ab 14 Uhr und So telefoniert man günstiger.

Auslandsvorwahlen:
Frankreich 0033
Deutschland 0049
Österreich 0043
Schweiz 0041
Bei Gesprächen aus dem Ausland entfällt die erste Null der Rufnummer.

Öffnungszeiten

Kernöffnungszeiten sind 9–12 und 14–19 Uhr – Verschiebungen nach Belieben. Im Sommer ist abends länger geöffnet, im Winter früher geschlossen. Supermärkte in Städten haben über Mittag geöffnet, ihre großen Filialen vor den Stadttoren an einigen Abenden bis 21 oder 22 Uhr. Samstagnachmittags bleiben alle Geschäfte offen, Sonntagvormittags wird in vielen Städten Markt gehalten, viele Lebensmittelläden haben dann ebenfalls geöffnet, Bäckereien immer. Der Montag ist zumindest in kleinen Orten Ruhetag. Beim Calvadosbrenner oder beim Bauern ruft man am besten vorher an, um sicher zu stellen, dass jemand zu Hause ist – tabu für den Besuch ist die Mittagszeit.

Behörden: Mo–Fr 9–12 und 14–17.
Banken: nur bis 16 Uhr.
Postämter: Mo–Fr in Großstädten von 9–19, sonst von 8–12 und 14–18.30, sowie Sa bis 12 Uhr.
Museen: Staatliche in der Regel Di, städtische und private oft Mo geschl. Die Öffnungszeiten variieren nach Jahreszeit, im Juli/Aug. oft durchgängig geöffnet.
Kirchen: In der Regel 9–19 Uhr.

Gesundheit

Mit der **Auslandskarte (EHIC),** die gesetzlich versicherte EU-Bürger bei ihrer Krankenkasse erhalten, kann man sich in Frankreich direkt an einen Vertragsarzt oder ein Krankenhaus wenden. Sollte die Karte nicht akzeptiert werden, erstattet die Krankenkasse gegen Vorlage der Arztrechnung die in Deutschland üblichen Honorarsätze. Eine zusätzliche Reisekrankenversicherung ist dennoch zu empfehlen, um sich gegen nicht gedeckte Kosten abzusichern.

Apotheken *(pharmacie)* erkennt man am grün blinkenden Neonkreuz.

Behinderte

Spezielle Einrichtungen sind selten und wenn, dann meist in den Städten zu finden. Die Association des Paralysés de France (APF) verschickt gegen Gebühr einen Hotel- und Restaurantführer (APF, Délégation Paris, 22, rue du Père-Guérin, 75013 Paris, Tel. 01 40 78 69 00).

Auf der Internetseite des französischen Fremdenverkehrsamts Maison de la France (www.franceguide.com) findet man die Rubrik ›Tourismus und Handikap‹. Eine Suchmaschine informiert über alle Veranstalter, die die Kriterien für behindertengerechtes Reisen erfüllen.

Unterwegs in der Normandie

...mit der Bahn

Zwischen den größeren Orten verkehren Züge der Eisenbahngesellschaft SNCF. An vielen Bahnhöfen verleiht die SNCF Fahrräder im *train + vélo*-Service. **Auskunft:** Tel. 08 92 35 35 35 (tgl. 7–22 Uhr, 0,34 €/Min.) oder unter www.sncf.com. Für Nahverbindungen *(Transports Express Régionaux – TER)* gibt es in allen Bahnhöfen ein Gratisheft, Verbindungen im Internet unter www.ter-sncf.com/normandie.

...mit dem Bus

Einen Busbahnhof *(gare routière)* findet man in allen größeren Orten. Von Stadt zu Stadt sind die Verbindungen gut, ins Umland dagegen mager. Busse bringen Reisende zwar in abgelegene Dörfer, verkehren jedoch oft nur morgens und abends. Auf Hauptstrecken sind auch werktags mehrere Verbindungen üblich, am Wochenende dagegen nicht.

...mit dem Auto

Das **Straßennetz** ist dicht und gut ausgebaut. Vorsicht im Winter, vor allem in der Suisse Normande – es drohen Glatteis und Raureif. Staus sind im Sommer auf manchen Küstenstraßen wie der Strecke Honfleur–Trouville oder Deauville–Cabourg vorprogrammiert. Ebenfalls im Sommer oder am Wochenende rappelvoll kann die Autobahn A 13 (Paris–Le Havre/Caen) durchs Seine-Tal werden.

Pannenhilfe: Auf Autobahnen kann Hilfe über die Notrufsäulen angefordert werden, sonst über den Polizeinotruf 17. ADAC (deutschsprachiger Notdienst in Lyon): Tel. 04 72 17 12 22.

Verkehrsregeln: In Ortschaften gilt 50 km/h, auf Landstraßen 90 km/h, auf Schnellstraßen 110 km/h (100/h bei Nässe), auf Autobahnen 130 km/h (110/h bei Nässe) Höchstgeschwindigkeit. Im Kreisverkehr hat man Vorfahrt. Die Alkoholgrenze liegt bei 0,5 Promille. Anschnallen ist Pflicht. Geldbußen sind drastisch, der Führerschein ist bei extremem Rasen und Alkoholkonsum sofort weg. Das Schild *Toutes directions* weist die Streckenführung für Durchreisende aus.

Tanken: Das Tankstellennetz ist dicht. An Sonntagen sind aber meist nur Tankautomaten in Betrieb, an denen derzeit noch nicht mit deutschen Kreditkarten bezahlt werden kann. Man wählt zwischen *sans plomb* (Bleifrei), *essence 95* (Super) und *essence 98* (Super plus) oder *gazole* (Diesel), das günstiger als in Deutschland ist. Am billigsten tankt man an den Zapfsäulen der großen Supermärkte.

Leihwagen Wie bei den Airlines kommen vermehrt Billigangebote auf den Markt. Günstige Angebote sucht im Internet Holiday Autos (Tel. 01805/17 91 92, 0,12 €/Min., www.holidayautos.de).

Orte vo

In Rouen von Caféterrasse zu Caféterrasse bummeln, auf den Klippen von Étretat die eigene Schwindelfreiheit ausloten, in Barfleur den Fischern beim Anlanden der Fische und Meeresfrüchte zuschauen, am Mont St-Michel ein Weltwunder bestaunen, in Deauville Pariser Chic erleben, auf einer *ferme-auberge* den trägen Wonnen der Provinz frönen und dann aufs Surfbrett springen –

n A bis Z

die Normandie ist überreich an Möglichkeiten, einen abwechslungsreichen Urlaub zu gestalten. Dieser Reiseführer führt mit dem einen oder anderen Schlenker ans Ziel ihrer Urlaubswünsche. Und dem, der das Besondere sehen oder erleben will, dem seien die fünf Extra-Touren empfohlen. Die Normandie in kompakter, überschaubarer Form, für den, der viel sehen und nichts verpassen möchte.

Alençon (F7)

Die Hauptstadt des Départements Orne (30 000 Einwohner) liegt ganz im Süden der Normandie – nur einen Steinwurf entfernt verläuft die Grenze zur Nachbarregion Loire-Atlantique. Bis nach Paris ist es auch nicht weit. Kein Wunder, dass Alençon abgesehen von ein paar Fachwerkfassaden wenig normannisch daherkommt. Die Verwaltungsbauten des 19. Jh. wie Rathaus und Justizpalast wirken wie aus dem Modellkasten französischer Provinzstädte. A propos Provinz. Balzac hat die Stadt, in der seit 400 Jahren feinste Spitze geklöppelt wird, gleich zweimal als Schauplatz für einen Roman gewählt – Lebensgefühl und Kulisse eigneten sich in seinen Augen ideal für die ihm eigenen Provinzbürgerdramen. Darin liegt Alençons Charme: Die Stadt ist ein Hort der *France profonde,* des tiefen, unvergänglichen Frankreichs.

Sehenswert

Place Foch: Seit Alters her das Zentrum der Macht. Nebeneinander stehen die Herzogliche Burg (14. Jh.), der Justizpalast im Empire-Stil (1811) und das Rathaus im Louis XVI-Stil (1783).

Café des Sept Colonnes: 2, rue du Château. Das älteste und schönste Fachwerkhaus der Stadt mit einem Gewölbekeller (13. Jh.) ist Treffpunkt von Studenten und jungen Leuten. In den umliegenden Gassen gibt es einige weitere Fachwerkbauten.

Halle au Blé: Place Masson. Der kreisrunde Bau der ehemaligen Kornhalle (Ende 18. Jh.) dient heute als Veranstaltungsort und beherbergt Büros.

Notre-Dame: Spätgotische Kirche mit berühmtem Orgelwerk (16. Jh.).

La Maison d'Ozé: Place de la Magdeleine. Das spätmittelalterliche Adelspalais (15. Jh.) gilt als der schönste Profanbau der Altstadt. Hier residiert das Office de Tourisme. Schaugarten mit alten Birnen- und Apfelsorten auf der Rückseite.

Musée de la Dentelle au Point d'Alençon: 31–33, rue Pont-Neuf, Mo–Sa 10–12, 14–18 Uhr.
Das Museum zeigt (und verkauft) die kostbare Spitze aus Alençon.

Musée des Beaux-Arts et de la Dentelle: Cour Carré de la Dentelle, Di–So 10–12, 14–18 Uhr, Juli/Aug. tgl.
Die zweite Adresse für Spitze, in einem ehemaligen Jesuitenkolleg.

Einkaufen

Spitze aus Alençon: Verkauf im Musée de la Dentelle.

Ausgehen

La Luciole: 171, route de Bretagne, www.laluciole.org. Die Musikbühne der Stadt mit Bar. Konzerte französischer und internationaler Interpreten, meist Mi, Fr, Sa.

La Renaissance: 4, rue St-Blaise, tgl. bis 1 Uhr. Einrichtung im Stil Louis-Philippe.

Office de Tourisme:
61000 Alençon, Maison d'Ozé, place de la Magdeleine,
Tel. 02 33 80 66 33,
Fax 02 33 80 66 32,
www.paysdalencontourisme.com,
www.ville-alencon.fr.

Le Grand Cerf: 21, rue St-Blaise, Tel. 02 33 26 00 51,
Fax 02 33 26 63 07,
www.hotelgrandcerf-61.com.
DZ ab 56–59 €, Menü 25 €.
Das erste Haus am Platze seit 1830. Ordentliche Zimmer, aufmerksamer Service. Innenhof mit Restaurantterrasse (Restaurant So, Feiertage geschl.).

Château de St-Paterne: St-Paterne (3 km nordöstl., Richtung Mamers), Tel. 02 33 27 54 71, Fax 02 33 29 16 71, www.chateau-saintpaterne.com, Jan.–März geschl. DZ ab 170 €.
Neun Zimmer auf einem Schloss vor den Toren der Stadt. Sehr private Atmosphäre, die Zimmer sind mit Antiquitäten eingerichtet.

Restaurant de l'Industrie: 20–22, place du Général de Gaulle, im Hotel gleichen Namens, Tel. 02 33 27 19 30, Fr abends/Sa Ruhetag. Menü 15–44 €.
Deftig, klassisch, gut: Kalb aus dem Pays d'Auge, hausgemachte *foie gras.*
Au Petit Vatel: 72, place Commandant Desmeulles, Tel. 02 33 26 23 78, So abends und Mi Ruhetag. Menü 15–69 €.
Hinter der hübschen Fassade ein Speisesaal ganz in Pastell (Salat mit Camembertkrapfen).

Bahn: Gare SNCF, rue Denis Papon. Nach Caen, Lisieux, Paris.

Ziele in der Umgebung

Gacé: 41 km nördl. Im Ackerbürgerstädtchen kam die Kameliendame zur Welt. Das **Musée de la Dame aux Camélias** erinnert an die mit 23 Jahren an Schwindsucht verstorbene Edelkurtisane, zu deren Liebhabern der Komponist Franz Liszt gehörte (Juli/Aug. Di–So 14–18 Uhr). Es gibt eine Rundfahrt auf ihren Spuren (40 km).
St-Céneri-le-Gérei: 10 km südwestl. Die Alpes Mancelles, eine Hügellandschaft links und rechts der Sarthe, sind ein reizvolles Wandergebiet. Das Dorf selbst mit der Brücke über die Sarthe und romanischer Kirche in rotem Granit, einer einsamen Kapelle eine echte Trouvaille. Gegenüber dem Rathaus *(Mairie)* führt ein Weg zu den **Jardins de la Mansonière,** einem Schaugarten mit Ausstellungsprogramm zur Gartenkunst (Tel. 02 33 26 73 24).

Les Andelys (J4)

Die bleichen Felsen am Ufer der Seine bilden einen kräftigen Kontrast zum üppigen Grün auf den Hängen. Bleich thront auch die Ruine des Château Gaillard am Ortseingang. Zu Füßen der Burg schwingt sich eine Brücke elegant über den Fluss. Les Andelys (9000 Einwohner) entpuppt sich als reizendes Provinzstädtchen mit buckeligem Fachwerk und malerischem Treidelpfad, das sich kokett im Wasser spiegelt. Warum der Plural im Ortsnamen? Ganz einfach: Es gibt Le Petit Andely am Wasser und Le Grand Andely etwas weiter landeinwärts.

Sehenswert

Château Gaillard: Mitte März–Mitte Nov. tgl. außer Di 9–12, 14–18 Uhr.
Am schönsten ist der Weg zu Fuß durch die steile rue Richard-Coeur-de-Lion. Oben von der Burg, die Richard Löwenherz 1196 als Wachturm über das Seine-Tal errichten ließ, schweift der Blick weit in die Ferne. Der gewaltige Bau selbst, zu dessen Füßen eine Brücke die Seine überquert, ist noch als Ruine beeindruckend.
St-Sauveur: 9–18 Uhr. Gotische Pfarrkirche von Le Petit Andely mit größtenteils originaler Ausstattung.
Collégiale Notre-Dame: 9–19 Uhr. Gotische Stiftskirche in Le Grand Andely mit reichem Renaissance-Portal und Orgelempore von 1573.
Musée Nicolas Poussin: Rue Ste-Clothilde, tgl. außer Di 14–18 Uhr, vormittags nach Vereinbarung, Tel. 02 32 54 31 78.

Château Gaillard – Wachposten über dem Seine-Tal

Das herrschaftliche Anwesen aus dem 17. Jh. ist dem berühmtesten Sohn der Stadt gewidmet. Nicolas Poussin kam 1594 im Seine-Tal zur Welt. Neben Werken des Barockmalers wird Sakralkunst und normannische Malerei gezeigt.

Sport & Strände

Wandern: Ein 10 km langer Rundwanderweg führt in das bukolische Umland (blaue und weiß-rote Markierung, Infoblatt beim Office de Tourisme).

Feste & Unterhaltung

Les Journées médiévales: Vorletztes Wochenende im Juni, nächtliches Historienspektakel mit Kostümumzug, Falknervorführungen, Schifferstechen und mittelalterlichem Bankett.

Office de Tourisme: 27700 Les Andelys, Rue Philippe Auguste, Tel./Fax 02 32 54 41 93, www.ville-andelys.fr.

Hôtel de Normandie: 1, rue Grande, Tel. 02 32 54 10 52, Fax 02 32 54 25 84, www.hotelnormandie-andelys.com, Dez. geschl., DZ 50–66 €. Schmucker Altbau, Garten und Terrasse zur Seine, kleine Zimmer.

La Chaîne d'Or: 27, rue Grande, Tel. 02 32 54 00 31, Fax 02 32 54 05 68, www.lachainedor.com, Weihnachten–1. Feb. geschl., DZ 72–122 €. Der Inbegriff eines Provinzhotels der gehobenen Kategorie. In der ehemaligen Postkutschenstation von 1751 logiert man still und stilvoll mit Blick auf die Seine.

Villa du Vieux Château: 78, rue Gilles Nicole,

Tel. 02 32 54 30 10, Mo/Di Ruhetag. Menü 19–26 €.
Kleines Restaurant unterhalb der Burg. Gutbürgerliche französische Küche,
La Chaîne d'Or: Siehe Unterkunft, So abends/Mo/Di mittags Ruhetag. Menü 29–90 €.
Eine kulinarische Bastion im oberen Seine-Tal, mit elegantem Saal. Auf der Karte z. B. Austern mit Rettich, Langustinen mit Limonen.

Ziele in der Umgebung

Die Seine-Schleifen bis Rouen: Von **La Roquette** am rechten Ufer ist der Blick auf den Fluss ausgesprochen hübsch. **Andé** macht wegen der klassischen Konzerte in der ehemaligen Mühle (12. Jh.) und Openair-Veranstaltungen von sich reden (Musique au Moulin, Tel. 02 32 59 90 89, www.moulinande.asso.fr.). Ein reizvoller Aussichtspunkt an der **Côte des Deux Amants** erhebt sich über der Mündung der Andelle in die Seine. Der Legende nach soll bei einer Jagd im Wald von Bord der mittellose Edmond die holde Calliste, Tochter aus hohem Haus, vor Wildschweinen gerettet haben. Edmond starb bei der Rettungsaktion an Erschöpfung, Calliste im Anschluss aus Verzweiflung. Ein Abstecher durch das **Tal der Andelle** führt an der Zisterzienserabtei von **Fontaine-Guérard** vorbei nach **Lyons-la-Forêt.** Im Zentrum reihen sich schmucke Fachwerkfassaden um die alte Markthalle mit dickem Moosdach (www.lyons.tourisme.free.fr). Kurz vor Rouen dann trumpfen die Felsen der **Roches d'Orival** am linken Ufer auf. Über der Uferkante verläuft der Fernwanderweg GR 2.
Flusskreuzfahrten: Rives de Seine-Croisières, Tel. 02 35 78 31 70, www.rives-seine-croisieres.fr.
Abfahrt in Poses (20 km flussabwärts) mit Halt in Les Andelys und Vernon.

Argentan (F6)

Bis Argentan (17 000 Einwohner) bleibt die Orne, die weiter östlich bei Aunou-sur-Orne entspringt, ein zahmes Gewässer. Erst dann windet sie sich zusehends ungehalten in ihrem Bett und hat im Laufe von Jahrtausenden das Naturwunder der Normannischen Schweiz aus dem Fels gefressen. Aus der unberührten Landschaft heraus sticht Argentan: Das Renaissancegebirge der Pfarrkirche St-Germain ist von weitem sichtbar (Juni–Sept.). Von seinem Hügel versteht sich das artige Städtchen als Pforte zum Naturpark Normandie-Maine und als günstiger Ausgangspunkt für die Erkundung des Orne-Tals.

Office de Tourisme: 61200 Argentan, place du Docteur Couinaud, Tel. 02 33 67 12 48, Fax 02 33 39 96 61, www.argentan.fr.

Chambre d'hôtes Les Gains: Survie (17 km nordöstl.), Tel. 02 33 36 05 56.
Drei Zimmer im Hause von Mr. and Mrs. Wordsworth – ihre 800 Schafe nebst Apfelbäumen sorgen für Abwechslung in der Landschaft. DZ 55 €.

Ziele in der Umgebung

Haras du Pin: Le Pin-au-Haras, April–Mitte Okt. tgl. 9.30–18, sonst 14–17 Uhr, www.haras-nationaux.fr.
Das ›Versailles der Pferde‹ wurde 1715–1730 auf Geheiß von Ludwig XIV. gebaut. In einer an Gestüten nicht armen Region ist der schlossähnliche Haras du Pin in architektonischer wie in züchterischer Hinsicht eine der ersten Adressen der Normandie (s. auch S. 20).
Schlossroute: Im Süden, zwischen

Grenzübergreifende Natur

Der **Parc Naturel Régional de Normandie-Maine** ist ein Gemeinschaftsprojekt der Regionen Normandie und Pays de la Loire. Stolze 235 000 ha stehen unter Schutz, der nicht nur die Natur, sondern auch kulturelle und soziale Besonderheiten umfasst. So sind auch die 151 Gemeinden des Parks in das Projekt einbezogen. Infos im Maison du Parc in Carrouges, Mo–Fr 9–12, 14–18 Uhr, www.parc-naturel-normandie-maine.fr.

den Flüssen Baize und Orne, wechseln Schlösser und Herrensitze einander ab. Besonders prächtig sind das barocke Wasserschloss in **Médavy** (Mitte Juli–Mitte Sept. 10–12, 14.30–18.30 Uhr), das **Château d'O** in Mortrée und das **Château de Sassy** in St-Christophe-le-Jajolet mit einem französischem Park (Palmsonntag bis Allerheiligen 15–18 Uhr) sowie das **Château in Carrouges** mit Mobiliar von der Renaissance bis zum frühen 19. Jh. und einem 10 ha großen Park (Sommer 9.30–12, 14–18 Uhr, sonst ab 10 und bis 17 Uhr).

Arromanches (D4)

Bei Ebbe tauchen vor der Küste schwarze Blöcke aus den Fluten auf. Atlantis gleich Arromanches? Fehlanzeige. Was wie die Reste einer versunkenen Stadt aussieht, sind die Fundamente eines künstlichen Hafens, den die Alliierten im Juni 1944 vor Arromanches (700 Einwohner) im Meer verankerten. 115 Betonriegel, jeder 7000 t schwer, bildeten das Fundament von dem binnen 100 Tagen sage und schreibe 2,5 Mio. Soldaten, 500 000 Fahrzeuge und 4 Mio. t Ausrüstung an Land geschafft wurden. Arromanches heute: Das Städtchen mit seinen Villen aus der Zeit um 1900, dem Strand und der Promenade wirkt seltsam unangekratzt von den kriegerischen Ereignissen. Nur bei Ebbe ruft sich die Geschichte der alliierten Landung unübersehbar stets aufs Neue in Erinnerung.

Sehenswert

Panoramapunkt an der D 514: Blick über Hafen und Küste. Nebenan zeigt das **Cinéma Arromanches 360°** einen sehenswerten Film über den D-Day (s. Tour 2, S. 111).

Musée du Débarquement: Place du 6 Juin, Mai–Aug. 9–19, Sept. bis 18 Uhr, sonst Kernöffnungszeiten 10–12.30, 13.30–17 Uhr, Jan. geschl., www.normandy1944.com.
Museum zur Landung der Alliierten, mit Modell des künstlichen Hafens, historischen Fotos, Uniformen.

Sport & Strände

Fahrradverleih: Garage Folliot, 13, bd. Gilbert Longuet, Tel. 02 31 51 06 06.
Strände: Von Klippen gerahmter Sandstrand direkt am Ort.
Tauchen: Club Léo Lagrange, Tracy (westl. von Arromanches), rue du Sous-Lieutenant de Lotière, Tel. 02 31 22 31 01, April–Okt. Anfängerkurse, Gruppentauchgänge.

Office de Tourisme: 14117 Arromanches, 2, rue du Maréchal Joffre, Tel. 02 31 22 36 45, Fax 02 31 22 92 06, www.arromanches.com.

Mountbatton Hôtel: 20, bd. Gilbert Longuet,

Tel. 02 31 22 59 70, Fax 02 31 22 50 30, März–Okt., DZ ab 49 €.
Neubau in Nähe der Uferpromenade. Die hellen Zimmer sind von außen über eine Galerie zu erreichen.

La Marine: Quai du Canada, Tel. 02 31 22 34 19, Fax 02 31 22 98 80, www.hotel-de-la-marine.fr, Mitte Feb.–Mitte Nov., DZ 61–76 €.
Das erste Haus am Platze, gutbürgerlich bis in die Fundamente. Direkt am Meer, von den meisten Zimmern Blick auf den künstlichen Hafen.

La Ferme de la Ranconnière: Crépon (10 km südöstl.), route d'Arromanches, Tel. 02 31 22 21 73, Fax 02 31 22 98 39, www.ranconniere.com, DZ 68–128 €.
Typisch normannisches Gehöft mit hoher Mauer und Torbogen zum Innenhof. Stille, ländliche Lage, geräumige, mit Antiquitäten möblierte Zimmer, die in der 600 m entfernten Dependance **La Ferme de Mathan** noch eine Idee heimeliger sind.

Hotel Victoria: Tracy-sur-Mer (2,5 km westl.), Tel. 02 31 22 35 37, Fax 02 31 22 93 38, www.hotelvictoria-arromanches.com, DZ 94 €.
Schlösschen des 19. Jh. unweit der D-Day-Strände.

Le Pappagall: 2, rue du Colonel René Michel, Tel. 02 31 22 36 26, Di/Mi Ruhetag außer in den Schulferien, Menü ab 17 €.
Das Restaurant im Hôtel d'Arromanches ist rustikal-gemütlich, die Küche entsprechend bodenständig – und günstig.

Ziele in der Umgebung

Wandern: Der Küstenweg GR 223 verläuft über den 65 m hohen Klippen von Arromanches nach Port-en-Bessin. Am Weg liegen das **Cap Maniveux** und **Le Chaos de Longues-sur-Mer,** eine von Wind und Wetter zerschepperte Steilklippe (9,5 km).

Avranches (B6)

Die Lage der Stadt (9000 Einwohner) auf einem Hügel macht es möglich: Von Avranches schweift der Blick automatisch westwärts in Richtung Mont St-Michel. So ging es schon Bischof Aubert. Der Legende nach gab ihm der Erzengel Michael im Jahr 708 den Auftrag zum Bau eines Klosters auf dem Granitkegel im Meer. Avranches war schon damals eine alte Stadt – die Gründung geht auf die Römer zurück. Zur Blüte gelangte die von den Herzögen der Normandie geförderte Stadt im Hochmittelalter. Aus dieser Zeit stammen die wichtigsten, über Krieg und Revolution geretteten Schätze – die Schädelreliquie des hl. Aubert sowie die Manuskripte vom Mont St-Michel.

Landidyll

Ein Ausflug nach **Creully** (14 km südöstl.von Arromanches) entführt in ein typisches Dorf des Bessin. Zu bestaunen sind das stolze Schloss in Granit mit mittelalterlichen Außenmauern, eckigem Donjon und elegantem Renaisssance-Türmchen am Wohnbau (9–12, 14–18 Uhr). Weitere Attraktionen des Dorfes sind eine Mühle, ein Waschhaus und die gotische Dorfkirche. Bekannt sind die handgemachten Regenschirme, die man bei den **Parapluies de Creuilly** in allen erdenklichen Farben und Formen kaufen kann (aufs Schild achten!).

Sehenswert

St-Gervais: Juni–Sept. 10–12, 14–18 Uhr, außer So morgens Juni u. Sept., sonst im Office de Tourisme anfragen. Basilika im Stil der Neo-Renaissance (1843). Der Kirchenschatz hütet u. a. die Schädelreliquie des hl. Aubert.

Place Patton: Zu Ehren General Pattons (Statue), der im Juli 1944 Avranches befreite, wurde mit über den großen Teich verschifften Bäumen und amerikanischer Erde ein Stück USA auf französischem Boden angelegt.

Manuscripts du Mont St-Michel: Hôtel de Ville, place Valhubert, Juni, Sept. 10–12, 14–18, Juli/Aug. 10–18 Uhr.
Über 200 mittelalterliche Manuskripte vom ›Heiligen Berg‹, verwahrt unter Gewölben aus dem 12. Jh. Lupe wird gestellt.

Aussichtspunkte auf den Mont St-Michel bieten sich vom hinteren Ende des **Jardin des Plantes** und von der **Plate-Forme,** wo bis zum Abriss 1794 die Kathedrale stand.

Einkaufen

Les Ruchers des Collines de Normandie: St-Georges-de-Livoye (13 km nordöstl.), La Touche, Tel. 02 33 48 62 33. Honig vom normannischen Lande direkt beim Imker.

Feste & Unterhaltung

Les Féeriques de Montgothier: 18 km südöstl., bei Isigny-le-Buat, *Son et lumière* im Château de Montgothier (s. S. 19).

Office de Tourisme: 50300 Avranches, 2, place du Général de Gaulle, Tel. 02 33 58 00 22, Fax 02 33 68 13 29, www.ot-avranches.com.

Hôtel de la Croix d'Or: 83, rue de la Constitution, Tel. 02 33 58 04 88, Fax 02 33 58 06 95, Jan. geschl., im Winter So abends Ruhetag, DZ 55–65 €.
Ehemalige Poststation mit Vertrauen erweckender Fachwerkfassade. Zimmer zum Innengarten verlangen!

Le Manoir de la Roche Torin: Courtils (14 km südwestl.), Le Bas Courtils, Tel. 02 33 70 96 55, Fax 02 33 48 35 20, www.manoir-rochetorin.com, Mo Ruhetag außer Juli/Aug., Restaurant Di/Mi, Sa jeweils mittags geschl., DZ 80–147 €.
Zauberhaftes Herrenhaus mit grün berankter Fassade. Ländlich abgeschieden mit Blick auf Polder, Schafe und von drei Zimmern sogar auf den Mont St-Michel.

Hôtel de la Croix d'Or: Siehe Unterkunft. Menü 15–48 €.
Exzellentes Preis-Leistungs-Verhältnis für eine klassisch normannische Küche. Reich geschmückter Saal: Fayencen, Kupfergeschirr, Cidre-Presse.

Bahn: Gare SNCF im Norden der Stadt Richtung Granville. Nach Caen, St-Lô, Bayeux, Coutances, Rennes.

Bus: STN, place Littré, Tel. 02 33 58 03 07. Zum Mont St-Michel.

Ziele in der Umgebung

Genêts: 9 km westl. Bei Sturmfluten dringt das Meer auch schon mal in die Gassen vor. Das Dorf zwischen den beiden Aussichtspunkten – auf den Mont St-Michel natürlich! – **Le Grouin du Sud** (südl.) und **Le Bec d'Andaine** (nördl.) hat eine hübsche romanische Kirche. Herrlicher Küstenwanderweg!

Highlight 1

Bagnoles-de-l'Orne (E7)

Ein bisschen Deauville mit Villen, Kasino und Belle-Époque-Hotels, ein bisschen Zauberberg mit Kurgästen und Parkanlagen, das Ganze hübsch im Wald gelegen, und mit Blick auf den See: *Voilà* Bagnoles-de-l'Orne, ein 1000 Einwohner zählendes Bäderstädtchen, das man in der tiefsten Normandie kaum vermutet hätte. Das Quellwasser gilt als Wundermittel gegen Venenleiden. Mit neuem Wellness- und Bäderkomplex sowie Golfplatz behauptet sich der Ort erfolgreich als Frankreichs siebtwichtigster Kurort.

Sehenswert

Parc Municipal: Das prunkvolle Herz des städtischen Parks ist das **Château de la Roche Bagnoles**, ein auftrumpfender Bau im Stil der Neo-Renaissance, der heute als Rathaus dient. Von dem nahen Felsen **Roc au Chien** schaut man ins Tal der Vée mit dem pompösen Thermalkomplex von 1903 samt eigenem Park.

Lac de la Vée: Im vom Vée-Flüsschen aufgestauten See spiegelt sich das Casino.

Forêt des Andaines: Der Mischwald zählt zu den größten der Normandie. Nach Westen reicht er bis Domfront – ideal geeignet zum Wandern und Radeln.

Sport & Strände

Golf: Golf de Bagnoles, route de Domfront, Tel. 02 33 37 81 42. 9-Loch-Parcours.

Thermen: Tel. 02 33 30 38 00, www.thermes-bagnoles.com. Wellness-Angebote.

Ausgehen

Casino: Av. Robert Cousin. Spielbank, Disko, Tanzabende, Karaoke, Cabaret.

Feste & Unterhaltung

Les Vendredis de l'Été: Juli/Aug. an jedem Fr, Straßentheater und Konzerte.

Office de Tourisme: 61140 Bagnoles-de-l'Orne, place du Marché, Tel. 02 33 37 85 66, Fax 02 33 30 06 75, www.bagnolesdelorne.com.

L'Ermitage: 24, bd. Paul Chalvet, Tel. 02 33 37 96 22, Fax 02 33 38 59 22, April–Okt., DZ 39–68 €. Ein Hotel im alten Villenviertel, mit dem Charme der Belle Époque. Ordentliche Zimmer, winzige Balkone, Garten.

Le Bois Joli: 12, av. Philippe-du-Rozier, Tel. 02 33 37 92 77, Fax 02 33 37 07 56, www.hotelboisjoli.com, DZ 86–136 €. Zauberhafte Villa am Park im Stil der normannischen Belle Époque. Eigener Garten, komfortable Zimmer mit sehr persönlicher Note – ein Hideaway.

Le Bois Joli: Siehe Unterkunft. Menü 20–51 €. Eleganter, vertäfelter Speisesaal mit Blick auf den Kurpark. Raffinierte Küche, z. B. in Pommeau gratinierte Austern. Zuvorkommender Service.

Le Manoir du Lys: 2 km außerhalb an der route Juvigny-sous-Andaine, Tel. 02 33 37 80 69, Fax 02 33 30 05 80, www.manoir-du-lys.fr, Nov.–Ostern Mo Ruhetag, sonst So abends, Menü 29–79 €.

Haute Cuisine in einem imposanten Waldchalet, den Michelin-Stern gab es für Täubchen in Knoblauchsahne und Steinpilzgerichte aus dem Andaines-Wald.

Ziele in der Umgebung

Domfront: 22 km westl. Vom schmucken Festungsstädtchen schweift der Blick weit über die Hecken, Weiden und Wälder des bukolischen **Bocage Domfrontais.** Kurioses Monument ist die neo-byzanthinische Kirche **St-Julien** mit funkelnden Mosaiken im Innern. Apfelschnaps, Poiré und Pommeau sowie Cidre aus dem Domfrontais verkauft im Ort **Calvados Comte Louis de Lauriston – Les Chais du Verger Normand** (rue du Mont St-Michel, Mo–Fr 9–12, 14–18, Sa 9.30–12 Uhr, www.calvados-lauriston.com).

La Ferté-Macé: 6 km nördl. Provinznest, nett zum Bummeln. Sehenswert ist das **Musée Trésorama** bei der Kirche mit einem klerikalen Kuriositätenkabinett (Juli/Aug. Do 10–12, 14–18 Uhr, sonst nur Sa, zur Vorsicht anrufen! Tel. 02 33 37 31 29).

Barfleur (B2)

Die rue St-Thomas Becket führt schnurstracks zum Hafen. Die stolzen Granitfassaden links und rechts stammen zum Teil noch aus der Renaissance – im Mittelalter war das Dorf (700 Einwohner) einer der wichtigsten Häfen der Normandie. Unten am Kai liegen die Fischkutter, sitzen die Fischer im Café. Ganz am Ende gluckt die Pfarrkirche. Zu ihren Füßen erinnert eine Gedenktafel daran, dass in Barfleur Wilhelm der Eroberer 1066 an Bord der ›Mora‹ gen England in See stach – und mit der Königskrone zurückkam.

Sehenswert

St-Nicolas: 10–19 Uhr. Die gedrungene Pfarrkirche aus dem 17.–19. Jh. ist das Wahrzeichen von Barfleur.

Société Nationale des Sauveteurs en Mer (SNSM):
Ostern–Aug. 10–12, 14–18 Uhr.
Die Zweigstelle der nationalen Gesellschaft zur Rettung Schiffbrüchiger ist die älteste Frankreichs (1855). Anregende Ausstellung zur Geschichte der SNCM, Verkauf maritimer Souvenirs.

Sport & Strände

Strände: Kleiner Hausstrand direkt hinter dem Dorf. Schöner sind die Sandbuchten im Süden. Westlich von Gatteville breiter Sandstrand.

Office de Tourisme: 50760 Barfleur, 2, rond point Le Conquérant, Tel. 02 33 54 02 48, Fax 02 33 54 02 48, www.ville-barfleur.fr.

Chambres d'hôtes Le Manoir: Montfarville (2 km südl.), Tel. 02 33 23 14 21, DZ 65 €.
Zwei lichte, freundliche Gästezimmer in einem normannischen Herrenhaus. Herrlicher Garten, absolute Stille, in Fußnähe zum Meer.

Hôtel Le Conquérant:
16, rue St-Thomas Becket,
Tel. 02 33 54 00 82,
Fax 02 33 54 65 25,
Mitte März–Mitte Nov., DZ 35–80 €.
Herrschaftliches Reederanwesen (17. Jh.) mit parkähnlichem, stillen Garten und Belvedere zum Hafen. Geräumige Zimmer, zum Teil mit normannischen Antiquitäten möbliert.

Café de France: Quai Henry Chardon, Tel. 02 33 54 00 38,

tgl. Sommer 7–21, Winter 8–20 Uhr. Menü ab 14 €.
Moules blondes, mittags die Muschelspezialität aus der Bucht von Barfleur.
Le Moderne: Place du Général de Gaulle, Tel. 02 33 23 12 44, Di abends u. Mi Ruhetag außer Juli/Aug., Menü 19–54 €.
Spezialität: Gratinierte Austern und Muscheln.

Ziele in der Umgebung

Phare de Gatteville: Mai–Aug. 10–12, 14–19, sonst bis 16 Uhr, Mitte Nov.–Mitte Dez., Jan geschl. www.pharedegatteville.com.
Ein Wanderweg führt entlang der Küste zum 1834 vollendeten Leuchtturm an der **Pointe de Barfleur** (5 km nördl.) – aus 75 m Höhe überschaut man die gesamte Bucht von Barfleur.
Cap Lévy: 15 km westl. Malerische Küstenstraße zum Kap, das ein Fort krönt. Parallel dazu ein Wanderweg.
Montfarville: 2,5 km südl. Dorfkirche mit 18 überbauschenden Freskenbildern des späten 19. Jh.

Barneville-Carteret (A3)

Der Doppelort (2500 Einwohner) ist genau genommen ein Dreifachort. Etwas hinter der Küste versteckt sich das alte Dorf Barneville. Davor liegt der belanglose Strandausläufer Barneville-Plage. Auf den Hügeln zum Kap thronen die Belle-Époque-Villen des Badeorts Carteret. Dazwischen läuft das Hafenbecken im Takt der Gezeiten mal leer, mal randvoll. Die Vielfalt macht es. Barneville-Carteret empfängt seit etwa 1830 Sommerfrischler, denn endlose Strände und Dünen gibt es noch obendrauf.

Sehenswert

St-Germain: Die Pfarrkirche von Barneville (12. Jh.) hütet reich skulptierte Säulenkapitelle.
Le Phare: Vom Fuß des Leuchtturms auf dem **Cap de Carteret** schaut man hinüber nach Jersey und Guernsey (Orientierungstisch). Unterhalb des Kaps (nördl.) duckt sich die Ruine der alten Kirche (12. Jh.) von Carteret an den Fels.

Stimmungsvoll – der Hafen von Barfleur am Morgen

Sport & Strände

Strände: Flacher Sandstrand von Portbail bis Barneville, grandiose Dünenlandschaften mit endlosem Sandstrand vom Cap de Carteret bis Le Rozel.
Wandern: Der Küstenwanderweg GR 223 führt vorbei an Dünen, endlosen Sandstränden und dem malerischen Weiler **Le Rozel** zum **Cap de Flamanville** (17 km nördl.). Dramatisch tost das Meer. Geschützt im Hinterland verstecken sich Schloss und Park **Flamanville.** Dann das dicke Ende: Ein Atomkraftwerk hinter dem Kap.

Einkaufen

Boutique Laurent: Carteret. Feinkosthandlung des Hôtel de la Marine.

Feste & Unterhaltung

Meeresprozession: 2. So Aug., Prozession mit geschmückten Booten sowie Seemannslieder und Festzelt.

Office de Tourisme: 50270 Barneville,
10, rue des Écoles,
Tel. 02 33 04 90 58,
Fax 02 33 04 93 24,
www.barneville-carteret.net.
Juli/Aug. auch in Carteret, place Flandres-Dunkerque, Tel. 02 33 04 94 54.

Chambres d'hôtes La Tourelle: Barneville, 5, rue du Pic-Mallet, Tel. 02 33 04 90 22,
DZ 40 €.
Drei adrette Zimmer in einem 300 Jahre alten Häuschen. Sehr netter Gastgeber.
Hôtel des Ormes: Carteret, quai Barbey d'Aureville, Tel. 02 33 52 23 50, Fax 02 33 52 91 65, www.hoteldesormes.fr, Jan. geschl., DZ 78–95 €.
Belle-Époque-Bau gegenüber dem Jachthafen. Modernisierte Zimmer. Garten und gemütlicher Salon.
Hôtel de la Marine: Carteret,
12, rue de Paris, Tel. 02 33 53 83 31,
Fax 02 33 53 39 60, www.hotelmarine.com, März–Mitte Nov.,
DZ 78–138 €.
Familienbetrieb seit 1876. Elegantes Hotel mit Hafenblick vom Balkon. Komfortable Zimmer, zuvorkommender Service.

Hotel de la Marine: Siehe Unterkunft, April–Sept., Mo und Do mittags Ruhetag, Juli/Aug. tgl. geöffnet, Menü 30 (mittags)–75 €.
Haute Cuisine mit Panoramablick: Gegrillter Hummer, Meeresfrüchte, wie es frischer nicht geht – der Michelin-Stern ist verdient.

Bus: SCETA, Tel. 02 35 98 13 38, ab Gare SNCF Carteret, im Sommer nach Portbail, La Haye-au-Puits, Carentan. **STN,** Tel. 02 33 44 32 22, ganzjährig nach Bricquebec, Valognes, Cherbourg.
Fähre: Alizés-Émeraude, Tel. 02 33 52 61 39, Ostern–Mitte Sept. nach Jersey, Fahrdauer 60 Min. **Alizés-Côte des Isles,** Tel. 02 33 52 10 20, Juni–Sept. von Portbail nach Jersey.

Bayeux (D4)

Die Stadt, der Teppich, das Museum. Alle Schilder führen in Bayeux zur Tapisserie, dem Teppich – der gar keiner ist. Weil von englischen Nonnen, vielleicht auch Mönchen im 11. Jh. gestickt, nicht geküpft. Einerlei, der Stoff, aus dem die Tapisserie ist, hat das Zeug zum Breitwandformat. 80 m lang Hauen und Stechen, Lug und Trug, Liebe, Lust und Leid. Am Ende hat Wilhelm, Herzog der Normandie, den Schurken Harold vom Pferd geholt und England erobert. Im Zweiten Weltkrieg blieb Bayeux (15 000

Einwohner) die einzige unzerstörte Stadt der Normandie. Eine *banlieue* mit seelenlosen Vorstadtvierteln und Beton gibt es bis heute nicht – einzigartig in Frankreich. Glückliches Bayeux!

Highlight 2

Centre Guillaume-le-Conquérant (Tapisserie de Bayeux):
Rue de Nesmond, Mitte März–Anfang Nov. Mo–Fr 9–18.30 Uhr, Mai–Aug. bis 19 Uhr, sonst 9.30–12.30, 14–18 Uhr, zweite Hälfte Jan. nur Sa/So.
Der berühmte Wandteppich erzählt die Geschichte von Wilhelm dem Eroberer. Ein Film erklärt die Tapisserie (engl., dt.). Wikinger-Ausstellung.

Sehenswert

Kathedrale: Rue des Cuisiniers, Kernöffnungszeiten tgl. 9–17, Juli–Sept. bis 19 Uhr.
Im 11. Jh. auf Geheiß von Bischof Odon, eines Weggefährten Wilhelms, erbaut. Romanischer Wandschmuck mit skandinavischen und orientalischen Einflüssen.

Musée Diocésain d'Art Religieux: Rue Lambert-Leforestier, tgl. 10–12.30, 14–18, Juli/Aug. bis 19 Uhr.
Museum für sakrale Kunst aus dem Kirchenschatz der Kathedrale im Barockpalais Hôtel du Doyen. Auch das Conservatoire de la Dentelle, die letzte Spitzenmanufaktur von Bayeux, fand hier ein würdiges Domizil.

Hôtels particuliers (Stadtpalais): In der rue Franche fallen das **Hôtel de Rubercy** (17. Jh.), das **Hôtel de la Crespelière** (18. Jh.) und der **Manoir de St-Manivieu** ins Auge. In der Rue Bourbesneur Nr. 10 steht das **Hôtel du Gouverneur** (15. Jh.): Der Bau beherbergt mit dem **Mémorial du Général-de-Gaulle** ein Museum zu Ehren de Gaulles, der mehrmals nach Bayeux kam (März–Nov. tgl. 10–12.30, 14–18, Juni–Aug. 9.30–12.30, 14–18.30 Uhr). In der Rue de la Maitrise überrascht das mit zwei imposanten Schornsteinen ausgestattete **Hôtel Morel de la Carbonnière** von 1642. Ein Prospekt des Office de Tourisme führt von einem Palais zum nächsten.

Musée-mémorial de la Bataille de Normandie: Bd. Fabian-Ware, Mai–Mitte Sept. 9.30–18.30, sonst 10–12.30, 14–19 Uhr.
Museum zum allierten Vormarsch von 1944.

Einkaufen

À la Reine Mathilde: 47, rue St-Martin. Pâtisserie im Second Empire-Stil, mit ein paar Tischen. Zu Tee, Kaffee oder heißer Schokolade gibt es *petits fours* und *gâteaux*.

Markt: Place St-Patrice, Sa 8–13 Uhr.
Der best beschickte Markt in der Unteren Normandie: *Cidre fermier,* hausgemachte Konfitüren, Camembert, Livarot, Pont-l'Evêque *au lait crû* (Rohmilch), Obst, Gemüse, Eier, lebende Hühner und Kaninchen.

Hôtel des Ventes: 7, rue des Bouchers, Auktionen meist Mi, Fr (siehe Aushang).
Porzellan aus der Manufaktur von Bayeux, normannische Spitze, ein Klostertisch, Barockschränke, Krimskrams: Im städtischen Versteigerungshaus kommt Kunst bis Kitsch unter den Hammer. Auktionen mit raren Antiquitäten zu Ostern, am 14. Juli und 11. Nov.

Office de Tourisme: 14400 Bayeux, Pont St-Jean, Tel. 02 31 51 28 28, Fax 02 31 51 28 29, www.bayeux-tourism.com.

Die Tapisserie de Bayeux erzählt die Geschichte von Wilhelm dem Eroberer

Hôtel d'Argouges: 21, rue St-Patrice, Tel. 02 31 92 88 86, Fax 02 31 92 69 16, DZ 68–120 €. Palais aus dem 18. Jh. mit Park, absolut zentral, dabei ruhig. Die Zimmer reihen sich um einen Innenhof.

Lion d'Or: 71, rue St-Jean, Tel. 02 31 92 06 90, Fax 02 31 22 15 64, www.liondor-bayeux.fr, DZ 84–116 €. Der stattliche Bau am Rande der Altstadt war einmal eine Postkutschenstation. Das Hotel in seinen Mauern ist seit den 1920er Jahren das erste Haus am Platz. Durch und durch bourgeois. Obligat: Das gepflegte Restaurant (Menü 20–46 €).

Château de Bellefontaine: 49, rue de Bellefontaine, Tel. 02 31 22 00 10, Fax 02 31 22 19 09, www.hotel-bellefontaine.com. DZ 92–115 €. Schloss aus dem späten 18. Jh. Obwohl außerhalb der Altstadt in Fußnähe zu allen Sehenswürdigkeiten. Geräumige Zimmer mit Blick auf die 200 Jahre alten Baumriesen und den Weiher im Park. Rad- und Mountainbike-Verleih.

La Table du Terroir: 42, rue St-Jean, Tel. 02 31 92 05 53, So/Mo Ruhetag, Menü 11–28 €. *De la boucherie à la table:* Metzger Louis Bisson lädt hinter dem Laden zu Tisch. Serviert werden Kalbsroulade in Cidre, in Calvados geschmorter normannischer Schinken. Tipp fürs Picknick: *Boudin noir* (Blutwurst) und *feuilleté bayeusain* (*boudin,* Äpfel, Pilze im Blätterteig).

Le Bistro de Paris: 3, rue Dr. Guillet, Tel. 02 31 92 00 82, So/Mo Ruhetag, Menü 13–36 €. Kleines und feines Bistro *très parisien.* Der Markt vor der Tür diktiert die Tageskarte. Exzellentes Preis-Leistungs-Verhältnis.

Le Petit Bistro: 2, rue Bienvenue, Tel. 02 31 51 85 40, So/Mo Ruhetag, Menü ab 24 €. Sieben Tische mit Blick auf die Kathedrale, eine Patronne, die kein Blatt vor den Mund nimmt, und in der Küche ein Gatte, der sich auf Artischockenterrine mit foie gras sowie Petersfisch mit Hummersuppe versteht.

Bahn: Gare SNCF, bd. Sidi Carnot. Tgl. Direktverbindungen nach Paris, Caen, Lisieux, Cherbourg, Rennes.

Ziele in der Umgebung

Abbaye de St-Martin-de-Mondaye: 12 km südl. Führungen Juni–Sept. So 15 und 16.30, Juli/Aug. auch werktags 15 und 17, Mi nur 15, Okt.–Mai So 15 und 16 Uhr, www.mondaye.com.
Die spätbarocke Abtei hütet eine 40 000 Bücher umfassende Bibliothek. Herrlich ist das schmiedeeiserne Geländer der großen Treppe im Ostflügel. Die Kirche gilt als schönstes barockes Gotteshaus der Normandie.

Château de Balleroy: 25 km südwestl. Mitte März–Mitte Okt. tgl. außer Di 10–18 Uhr, Juli/Aug. tgl., sonst nur Gruppen, www.chateau-balleroy.com.
Barockschloss, 1631 vom Architekten Mansart erbaut. Zur Ausstattung zählen Parkettböden, Wandmalereien, Gemälde und Möbel. Das Schlossmuseum ist der Ballonfahrt gewidmet.

Highlight 3

Beuvron-en-Auge (E4)

Auf den ersten Blick etwas puppenstubig wirkt das nur 250 Seelen zählende Dorf inmitten fetter Wiesen und glücklicher Kühe. Das Fachwerk so makellos, die Markthalle ein Sternerestaurant, an den Fassaden Kletterrosen, im Lebensmittelladen Feinkost- und Bioprodukte. Zu schön, um wahr zu sein? Nicht doch, in Beuvron-en-Auge ist tatsächlich alles echt, bis hin zum Label *Un des Plus Beaux Villages de France* (Eins der schönsten Dörfer Frankreichs).

Sehenswert

Place Michel Vermughen: Um den nach dem für die Dorfsanierung zuständigen Bürgermeister benannten Platz reihen sich Fachwerkfassaden und Cafés. In der Mitte thront die ehemalige Markthalle.

Einkaufen

La Ferme du Beuvron:
Am Dorfrand, 10–13, 14–19 Uhr.
Die drei großen C's der Normandie – Cidre, Calvados, Camembert – aus Eigenproduktion.

La Ferme du Beuvronnais:
Place Michel Vermughen. Cidre, eingelegte Gurken und Konfitüren vom Bauernhof.

Point Informations: 14430 Beuvron-en-Auge, Les Halles (Markthalle), Tel./Fax 02 31 39 59 14, nur Juli/Aug.

Chambres d'hôtes Monique Hamelin:
Place Michel Vermughen,
Tel./Fax 02 31 39 00 62, DZ 48–50 €.
Zwei nette Gästezimmer in einem Fachwerkbau aus dem 18. Jh., mit Garten ringsherum und nettem Empfang.

Auberge de la Boule d'Or:
Place Michel Vermughen,
Tel. 02 31 79 78 79,
Fax 02 31 39 61 50, DZ ab 55 €..
Ganze drei Zimmer hinter einer Fachwerkfassade. Einfach, aber einladend.

Aux Trois Damoiselles:
Place Michel Vermughen,
Tel. 02 31 39 61 38,
Fax 02 31 39 61 41,
www.auxtroisdamoiselles.com,
DZ 70–86 €.
Fachwerkgehöft am Dorfplatz mit sehr komfortablen Zimmern. Etwas zu geleckt

Kulinarischer Wettbewerb

Die **Fête des AOC Normandie** in **Cambremer** Anfang Mai ist ein Wettbewerb um den besten Cidre mit Herkunftsbezeichnung. Neben Cidre werden auch andere AOC-Produkte wie Käse und Calvados zur Verkostung und zum Verkauf angeboten. Zum Besuch bei den Cidre-Bauern lädt die **Route du Cidre** ein, die über den Dorfplatz von Cambremer verläuft (Prospekt im Syndicat d'Initiative, www.routeducidre.free.fr).

Le Café du Coiffeur: Place Michel Vermughen. Sympathisches Café, in das man sein Essen mitbringen kann.

La Ferme du Laizon: Cléville (10 km südwestl.), La Vertinière, Tel. 02 31 23 64 67, nur auf Reservierung! Menü ab 21 €. Schmausen auf dem Bauernhof: *Paté*, Lammkoteletts, Pellkartoffeln aus dem Kamin, flambierte Crêpes au Calvados.

Le Pavé d'Auge: Place Michel Vermughen, Tel. 02 31 79 26 71, Mo Ruhetag, im Winter auch Di, Menü 30–52 €. Feinschmeckertempel unter dem Dach der geleckt-restaurierten Markthalle. Cappuccino von Langustinen mit Grillspieß, gegrillte junge Wildente mit Rübchen.

Ziele in der Umgebung

Cambremer: 10 km südöstl. Am Dorfrand laden die **Jardins du Pays d'Auge** zum Bummeln durch einen Schaugarten mit den botanischen Schätzen der Region ein (Mai–Mitte Nov. Mo–Sa 9–17.30, Juli/Aug. tgl. 9–18.30 Uhr, www.cambremer.com).

Crèvecœur-en-Auge: 12 km südl. Hauptattraktion ist die **Wasserburg** aus dem 11. Jh. mit Schaubauernhof, Ausstellung zum normannischen Fachwerk, Obstgarten mit 36 normannischen Apfelsorten, Hühnerstall und romanischem Kapellchen (Ende März–Sept. tgl. 11–18 , Juli/Aug. bis 19 , Okt. nur So 14–18 Uhr, www.chateau-decrevecoeur.com).

Cabourg (E4)

Die mit Erkern, Türmchen und Holzzierrat aufgetakelten Villen stehen im Halbrund vor dem Grand Hôtel. Fächerartig laufen die Straßen auf die gepflegten Gartenanlagen zu. Man denkt unweigerlich an ein gigantisches Tortenbuffet. Falls einem die Szenerie bekannt vorkommen sollte: Marcel Proust hat Cabourg in seinem Roman ›A l'ombre des jeunes filles en fleur‹ zum literarischen Denkmal des Fin de Siècle verewigt. Im Buch heißt Cabourg (3500 Einwohner) zwar ›Balbec‹, doch das einst mondäne Städtchen bleibt auf immer der Badeort, in dem Proust als Kind und später als Erwachsener jeden Windzug, die Sonne oder auch nächtliche Geräusche fürchtete.

Sehenswert

Promenade Marcel Proust: 2 km lange Strandpromenade, verkehrsfrei und mit Blick ins Unendliche.

Grand Hôtel: Das palastartige Hotel ist bis heute der Mittelpunkt an der Strandpromenade. 1881 stieg hier Klein Marcel zusammen mit der Mama das erste Mal ab. Ab 1907 kommt er jeden Sommer bis zum Ausbruch des Ersten Weltkriegs. Und schreibt.

Sport & Strände

Strände: Kilometerlanger Sandstrand zwischen den Mündungen der Orne im Westen und der Dives im Osten. Schön sind die unverbauten Dünen kurz vor der Dives-Mündung.

Wassersport: École de Voile Française, am Strand, Tel. 02 31 91 27 00. Segeln, Surfen, Strandsegeln. Materialverleih und Kurse.

Ausgehen

Chez Guillou: 4, av. de la Mer, in der Saison tgl. geöffnet, in der Nebensaison nur am Wochenende. Die vielleicht bekannteste Bar der Côte Fleurie, mit Zigarrenzimmer.

Grand Hôtel: Siehe Unterkunft. Für das (teure) Glas Champagner bei Klaviergeklimper.

Office de Tourisme: 14390 Cabourg, Jardins du Casino, Tel. 02 31 91 20 00, Fax 02 31 24 14 49, www.cabourg.net.

Le Cottage: 24, av. du Général-Leclerc, Tel. 02 31 91 65 61, Fax 02 31 28 78 82. www.hotel-cottage.com, DZ 66–89 €.

Belle-Époque-Hotel mit Garten und charmanter Wirtin (*patronne*). Jedes Zimmer ist anders eingerichtet, mit Tendenz zum gerüschten Landhausstil.

Le Cabourg: 5, av. de la République, Tel. 02 31 24 42 55, Fax 02 31 24 48 93, www.hotel-cabourg.fr, erste Hälfte Jan. und erste Hälfte Dez. geschl., DZ 78–88 €.

Hotel aus der Glanzzeit von Cabourg, in einer hübschen Villenstraße. Gemütliche Zimmer, freundlicher Empfang.

Grand Hôtel: Promenade Marcel Proust, Tel. 02 31 91 01 79, Fax 02 31 24 03 20, www.mercure.com, DZ 186–260 €.

Marcel Proust bezog hier Quartier: Ein Umstand, den sich der pompöse Belle-Époque-Kasten direkt an der Strandpromenade vergüten lässt. Geblieben ist der

Das palastartige Grand Hôtel beherrscht die Strandpromenade von Cabourg

opulente Rahmen, der Blick aufs Meer. Doch Charme und Service leiden unter der Einverleibung durch eine Hotelkette.

Le Beau Site: 30, av. Foch, Tel. 02 31 24 42 88, www.lebeausite.fr, Mo/Di Ruhetag. Menü 23–48 €.
Gepflegtes Ambiente, köstliche Meeresfrüchte und Fisch. Vor dem Fenster und der Terrasse flanieren die Sommergäste auf der Uferpromenade.
Au Pied des Marais: Le Hôme (2 km westl.), Tel. 02 31 91 27 55, Mo/Di Ruhetag, Menü 20 (mittags)–50 €.
Normannisch-rustikales Ambiente, wozu der große Kamin gehört. Gutes vom Grill.

Bahn: Gare SNCF Dives-Cabourg. Direktzüge nach Paris.

Ziele in der Umgebung

Merville-Franceville: Im Westen von Cabourg endet hier die Côte Fleurie. Landschaftlich sehr schön ist die von Dünen gesäumte Mündung der Orne am Ortsrand. Über Wanderwege und Birdwatching informiert nach umfangreichem Umbau das Naturschutzzentrum **Maison de la Nature et de l'Estuaire** in Sallenelles (Tel. 02 31 78 71 06, Mitte Juni–Mitte Sept. 14–18 Uhr, sonst nur So).

Caen (E4)

Im Westen die Abbaye aux Hommes, im Osten die Abbaye aux Dames, in der Mitte eine Burg – an diesen drei Polen orientiert sich der Besuch von Caen (200 000 Einwohner). Der Polarisierung entspricht das Stadtbild: Im Südosten gradliniger Wiederaufbau der 1950er Jahre, im Westen komplett erhaltene Straßenzüge mit einigen prächtigen Fachwerkfassaden und vielen herrschaftlichen Palais. Caen, nach Rouen die zweitwichtigste Stadt der Normandie, Hauptstadt der Basse-Normandie sowie Verwaltungssitz des Départements Calvados entpuppt sich trotz der geballten administrativen Funktion als lebenslustig. Mit 30 000 Studenten und 40 000 Schülern ist es eine junge Stadt und bekannt für sein reges Kulturleben.

Sehenswert

Château: Freier Zutritt, Führungen Juli/Aug. Mo–Sa 10.30 (frz.), 14.30 Uhr (engl.), www.chateau.caen.fr.
Die herzogliche Burg wurde um 1060 von Wilhelm dem Eroberer gebaut. Der gewaltige Komplex in erhöhter Lage umfasst u. a. einen Donjon, den Saal des Finanzverwalters (12. Jh.) und die Kapelle St-Georges (12.–15. Jh.), die Gedächtnisort für die im Zweiten Weltkrieg umgekommenen Einwohner von Caen ist. In der ehemaligen Residenz des Stadtgouverneurs illustriert das **Musée de Normandie** die Geschichte der Normandie von der Prähistorie bis in die Neuzeit, eine beeindruckende Schau der Archäologie und Ethnologie (Mi–Mo 9.30–18 Uhr, www.musee-de-normandie.caen.fr). Der einzige moderne Bau auf dem Burgberg ist das **Musée des Beaux-Arts**. Das Kunstmuseum ist eines der bedeutendsten Frankreichs mit Malerei und Stichen des 15.–20. Jh. (darunter Werke von van der Weyden, Tintoretto, Rubens, van Dyck, Poussin, Tiepolo, Corot, Dubuffet) sowie Sonderausstellungen (Mi–Mo 9.30–18 Uhr, www.ville-caen.fr/mba).
St-Pierre: Mo–Sa 9–19 Uhr.
Die wichtigste Kirche der Altstadt ist ein Meisterwerk der normannischen Spätgotik-Renaissance. Reicher Außen-

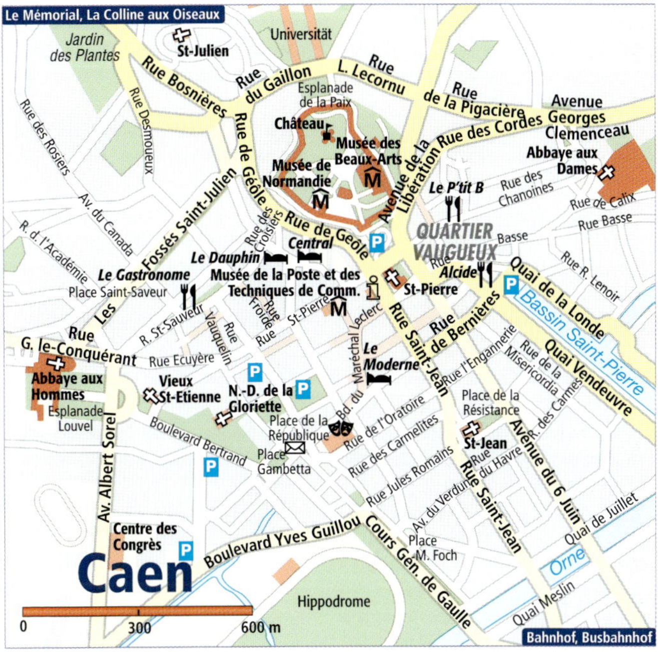

schmuck. Chorgewölbe mit kuriosen Schlusssteinen.

Le Musée de la Poste et des Techniques de Communication: 52, rue St-Pierre, Mitte Juni–Mitte Sept. Di–Sa 10–12, 14–18, sonst 13.30–17.30 Uhr.

Die Geschichte der Post- und Telekommunikation von der Tour de Chappe über die ersten Briefmarken zum Minitelefon. In einem auskragenden Fachwerkhaus aus dem 16. Jh.

Rue Froide: Mittelalterlicher Straßenzug, dazwischen Renaissance- und Barockhöfe (Nr. 22, 35, 41, 49).

Rue Ecuyère: Schöne Folge spätmittelalterlicher bis barocker Fassaden.

Place St-Sauveur: An den Fassaden ließe sich eine Stilgeschichte von der Renaissance bis zum Rokoko ablesen. Freitags belebtes Markttreiben.

Abbaye aux Hommes: Führungen 9.30, 11, 14.30, 16 Uhr.

Männerabtei von gewaltigen Ausmaßen, 1066 von Wilhelm dem Eroberer gegründet. Die romanisch-gotische Kirche St-Etienne birgt das Grab des Gründers (8.15–12, 14–19.30 Uhr). Die im 18. Jh. neu errichteten Klostergebäude dienen heute als Rathaus: Kostbare Ausstattung, Gemäldesammlung.

Abbaye aux Dames: Führungen im Kloster tgl. 14.30 und 16 Uhr, Basilika Ste-Trinité frei zugänglich 9–18 Uhr.

Frauenabtei, 1060 von Herzogin Mathilde gestiftet. Ihr Grab befindet sich in der Krypta der romanischen Kirche. Die Klostergebäude aus dem 18. Jh. sind heute Sitz des Conseil Régional (Regionalregierung der Normandie). Hinter dem Kloster erstreckt sich ein 5,5 ha großer Barockpark.

Le Mémorial: Esplanade Eisenhower, Buslinie 17, Nov.–Jan. 9–18, Feb.–Okt. bis 19, Juli/Aug. bis 20 Uhr, erste Hälfte Jan. geschl., www.memorial-caen.fr.
Das wichtigste Museum der Normandie zum Zweiten Weltkrieg, mit klarem Anliegen: Völkerverständigung und Frieden. Absolut sehenswert! Ausstellungskomplex zum Kalten Krieg und zur Friedensbewegung: Teilstück der Berliner Mauer, Atomsprengkopf, Mig 21-Bomber, Galerie der Friedensnobelpreisträger.
La Colline aux Oiseaux:
Av. Amiral Mountbatten,
10 Uhr bis Sonnenuntergang.
Die ehemalige Müllkippe wurde 1994 in einen Park verwandelt. Auf 17 ha ein Kaleidoskop normannischer Landschaften. Rosenpark mit 15 000 Stöcken.

Einkaufen

Antiquitäten & Trödel: Zahlreiche Läden in der rue Ecuyère.
Hotot: 13, rue St-Pierre. Aushängeschild des Chocolatier-Pâtissier ist der *drakkar,* eine zarte Schokoladenleckerei.

Ausgehen

Les Caves: 32, rue Neuve-St-Jean, So Ruhetag. Gehört zu einem Weinladen, daher der Name. Man sitzt auf abgesägten Fässern unter einem Gewölbe.

Lange Theke – lange Nacht

Das **Quartier Vaugueux** unterhalb des Burgbergs blieb von den Bomben verschont. Malerisch sind die Gassen, Stiegen und Fassaden aus dem 16.–18. Jh. von Caens Ausgehviertel schlechthin: Die Thekendichte im Quartier ist legendär.

La Garsouille: 11, rue Arcisse-de-Caumont, So Ruhetag. Neue Bar, trendy, hübsch gemischtes Publikum.

Feste & Unterhaltung

A Caen la Paix: Mai–Sept., Freilufttheater mit Laien. Verschiedene Aufführungen in den Vierteln der Stadt mit Parade am Schluss (Info Tel. 02 31 30 45 51).
Les Soirs d'Été: Juli/Aug., breites Kulturprogramm mit Konzerten, Theater, Kabarett, Lesungen (Auskunft im Office de Tourisme).

Office de Tourisme: 14000 Caen, place St-Pierre, Tel. 02 31 27 14 14, Fax 02 31 27 14 18, www.ville-caen.fr/tourisme.
Faltblatt zum *Circuit historique Guillaume le Conquérant* (Rundgang auf den Spuren von Wilhelm dem Eroberer).

Central Hôtel: 23, place J. Letellier, Tel. 02 31 86 18 52, Fax 02 31 86 88 11, www.centralhotel-caen.com, DZ 31–47 €.
An einem kleinen Platz im wieder aufgebauten Viertel südlich des Châteaus. Zimmer 08/15, aber gepflegt. Familiäre Atmosphäre, viele Stammgäste.
Le Dauphin: 29, rue Gemare, Tel. 02 31 86 22 26, Fax 02 31 86 35 14, www.le-dauphin-normandie.com, Ende Juli–Mitte Aug. geschl., DZ 65–150 €.
Unzweifelhaft das schönste Hotel der Stadt: Ein früheres Priorat am Fuß der Burg mit engen Stiegen aus Naturstein, zum Teil frei gelegtem Fachwerk. Sehr empfehlenswertes Restaurant (im Sommer mittags, im Winter Sa mittags, So abends Ruhetag, Menü 18–50 €).

Hôtel Moderne: 116, bd. du Maréchal Leclerc, Tel. 02 31 86 04 23, Fax 02 31 85 37 93, www.hotel-caen.com, DZ 87–150 €.
Zentral gelegener eleganter Eckbau aus den1950er Jahren mit komfortablen Zimmern. Frühstückssaal mit Panoramablick über die Stadt.

Alcide: 1, place Courtonne, Tel. 02 31 44 18 06, Sa Ruhetag, Menü 15–23 €.
Bistro bekannt für schmackhafte normannische Gerichte.
Le Gastronome: 43, rue St-Sauveur, Tel. 02 31 86 57 75, So Ruhetag, Menü 18–35 €.
Saal mit Designanklang, nette Stimmung, innovative Regionalküche – warme Austern auf Birnen-Apfel-Kompott.
Le P'tit B: 15, rue du Vaugueux, Tel. 02 31 93 50 76, Menü 25 €.
Einfallsreiche, innovative Speisen in einem Bau aus dem 17. Jh..

Bahn: Gare SNCF, rue de la Gare. Direktzüge nach Paris, Bayeux, Rouen.
Bus: Les Bus Verts, neben dem Bahnhof, Tel. 08 10 21 42 14, www.busverts14.fr. Dichtes Netz zur Küste und ins Pays d'Auge.

Ziele in der Umgebung

Douvres-la-Délivrande: 11 km nördl. Die nadelspitzen Zwillingstürme von **Notre-Dame** stechen weithin sichtbar in den Himmel. Innen verwahrt wird eine schwarze Madonna (15. Jh.): Die neo-gotische Basilika ist Ziel einer großen Marienprozession (15. Aug.). Um die Ecke eine **Apotheke** in purem Art Déco von Guimard, der zuvor die Pariser Métro im Jugendstil designt hat.
Château de Vendeuvre: 30 km südöstl., Mai–Sept. 11–18, Juli/Aug. bis 18.30, April, Okt., Nov., Osterferien nur So 14–18 Uhr.
Rokokoschloss mit Wassergarten, Tempel, Labyrinth, Muschelgrotte, chinesischer Brücke. Verspieltes Louis XVI-Intérieur. Sammlung von Puppenstuben und Hundekörbchen (17.–19. Jh.).

Cap de la Hague (A2)

Am Cap de la Hague gibt sich die Normandie so wild und zerklüftet wie die Bretagne. Ginsterhecken, Schilf, ein Leuchtturm, von Erika lila getönte Hügel, winzige Häfen, etwa **Goury** und **Port du Hâble**, mit Booten wie Nussschalen, raue Klippen wie die **Nez de Joburg**, einsame Strände in der **Baie d'Escalgrain,** die Mondlandschaft endloser Dünen bei **Biville,** Schlösser wie **Dur-Ecu** und Dörfer aus Granit, etwa **Auderville** und **Diélette** – über allem ein Himmel mal zinngrau, mal knallblau. Das Kap im äußersten Westen ist ein verwegenes Land's End. Weil es so abgelegen ist, hat man mitten darauf die **Wiederaufbereitungsanlage von La Hague,** Europas größter Nuklearkomplex (www.cogema.fr, Führungen derzeit wegen des nationalen Antiterrorplans *Plan Vigipirate* ausgesetzt) und an die Westküste das **Atomkraftwerk Flamanville** gepfropft.

Sehenswert

Maison Prévert: Omonville-la-Petite, April/Mai 14–18, Juni–Sept. 11–18, während der Schulferien 14–18 Uhr.
Ehemaliges Wohnhaus von Jacques Prévert (1900–1977), Autor von ›Die Kinder des Olymp‹. Originale Einrichtung, Wechselausstellungen zum Werk des Künstlers. Prévert und seine Frau sind auf dem Dorffriedhof begraben.

Sport & Strände

Wandern: Der schönste Küstenwanderweg der Normandie (GR 223) umrundet das Cap de la Hague, von Landemer im Nordosten bis Diélette im Südwesten. Einsamkeit über Klippen, Buchten, Dünen.

Office de Tourisme: 50440 Beaumont-Hague, 45, rue Jallot, Tel. 02 33 52 74 94, Fax 02 33 52 09 64, www.lahague.org

Hôtel Le Landemer: Urville-Nacqueville, 2, rue des Douanes, Tel. 02 33 03 43 00, Fax 02 33 03 45 42, www.le-landemer.com, DZ 30–60 €.
Einfache Zimmer in bester Seelage, zum Teil mit Blick aufs Wasser, nette Atmosphäre.

Hôtel de la Falaise: Diélette, Tel. 02 33 04 08 40, Fax 02 33 04 26 43, www.hoteldelafalaise.com, DZ 38–54 €.
Karg und von Wind und Wetter gepeitscht wie das Cap de Flamanville drückt sich das Haus an den Fels. Einfache Zimmer, freundlicher Empfang.

Auberge des Grottes: Le Nez de Jobourg, Tel. 02 33 52 71 44, Ostern–Okt. Mo abends/Di Ruhetag außer Juli/Aug., Menü 23–55 €.
Herrliche einsame Lage auf einem Felskap, hoch über dem Meer. Traditionelle Küche – vor allem Fisch.

L'Auberge de Goury: Port Goury, Tel. 02 33 52 77 01, Mo Ruhetag, Menü ab 24 €.
Am äußersten Zipfel des Cap de la Hague: Der beste Tisch am Kap (Fisch vom Grill, Lammbraten, Hummer).

Der äußerste Westen am Cap de la Hague ist ein verwegenes Land's End

Cherbourg (A2)

Hoch im Norden, da wo die weit in den Ärmelkanal auskragende Cotentin-Halbinsel endet, liegt Cherbourg (120 000 Einwohner). Ein bisschen wie am Ende der Welt, auf jeden Fall im Abseits der Reiseströme. Und dann auch das noch: Jeder Franzose denkt an Regenschirme, sobald der Stadtname fällt: Ein Film von Jacques Demy mit der blutjungen Cathérine Deneuve hat dem traditionellen Handwerkszweig ein Denkmal gesetzt. Der Flottenstützpunkt und Fährhafen nach Großbritannien, bietet nicht viel Sehenswertes, abgesehen von der neuen Cité de la Mer, dafür unverfälschte Hafenatmosphäre.

Sehenswert

Rue du Blé und Grande Rue 2: Zwei quirlige Einkaufs- und Ausgehstraßen, die vom alten Cherbourg erhalten blieben: Barocke Fassaden wechseln mit intimen Höfen.

Cité de Mer: Gare Maritime Transatlantique, Juni–Aug. tgl. 9.30–19, Sept.–Mai tgl. 10–18 Uhr, www.citedelamer.com.
Die prachtvollen Hallen des alten Überseehafens (1924) nutzt das sehenswerte Meeresmuseum mit großer U-Boot-Galerie. Prunkstück ist das U-Boot ›Le Retoubtable‹.

Fort du Roule: Im Süden der Stadt, Mai–Sept. 10–12, 14–18 (außer So/Mo morgens), Okt.–April Mi–So 14–18 Uhr.
Das 122 m über der Stadt thronende Fort wurde1852–1857 für den Fall eines Angriffs aus England errichtet. Hier dokumentiert das **Musée de la Libération** die Befreiung von Cherbourg durch die Amerikaner.

Tour de la Rade: Port-Chanteyrene, Ponton J, Tel. 02 33 93 75 27, April–Sept.
Rundfahrten an Bord der ›Véga‹ zu den unter Ludwig XIV. begonnenen Befestigungsdeichen in der Reede.

Sport & Strände

Wassersport: Station Voile Cherbourg-La Hague, Vigie de l'Onglet, Tel. 02 33 78 19 29, www.cherbourg-hague-nautisme.com. Von Funboard bis Tauchen, Kurse und Verleih – auch von Fahrrädern!

Einkaufen

Écaille – Le Véritable Cherbourg: 30, rue des Portes, Tel. 02 33 93 23 77, www.parapluiedecherbourg.com. Handwerklich gefertigte Regenschirme *(parapluies)*, aus Seide oder auch aus Baumwolle.

Drehwurm

Jedes Jahr im Juli ist der Mais des **Labyrinthe de Mais** beim Weiler Tapotin so hoch geschossen, dass sich die Besucher zwischen den mannshoch stehenden Kolben im Kreise drehen. Ein Teil der Eintrittsgelder wird für humanitäre Aktionen gespendet (Juli–Dez. 11–13, 14–19 Uhr, letzter Eintritt 18 Uhr, Tel. 02 33 40 23 40, 3 km westl. von Cherbourg, D 902 Richtung Bricquebec).

Ausgehen

Britische Touristen und Marinesoldaten auf Freigang lassen es hoch hergehen u. a. im **Diapason** (21, rue de la Paix), **Le Solier** (52, Grande Rue), **The Diver** (6, rue de l'Union).

Maison du Tourisme: 50100 Cherbourg, 2, quai Alexandre III, Tel. 02 33 93 52 02, Fax 02 33 53 66 97, www.ot-cherbourg-cotentin.fr.

Ambassadeur Hôtel: 22, quai Caligny, Tel. 02 33 43 10 00, Fax 02 33 43 10 01, www.ambassadeurhotel.com, DZ 40–59 €.
Günstig übernachten am Hafen.
Hôtel de la Renaissance: 4, rue de l'Église, Tel. 02 33 43 23 90, Fax 02 33 43 96 10, www.hotel-renaissance-cherbourg.com, DZ 45–60 €.
Zweckmäßige, unspektakuläre Zimmer in nächster Nähe zum Hafen.

Café de Paris: 40, quai Colbert, Tel. 02 33 43 12 36, Okt.–März So abends/Mo Ruhetag, Menü 18–35 €.
Elegantes Restaurant, Blick aufs Hafenbecken. Meeresfrüchte, Fisch – exzellent.
Le Vauban: 22, quai Caligny, Tel. 02 33 43 10 11, So abends/Mo Ruhetag, Menü 20–45 €.
Passable Küche mit Blick auf die Quais.

Bahn: Gare SNCF, av. F. Millet.
Fähre: Brittany Ferries, Tel. 02 33 88 44 88, www.brittanyferries.fr. Nach Poole, Portsmouth.

Highlight 4

Clécy (D5)

An manchen Sommerwochenenden ist die Hölle los in Clécy (1300 Einwohner): Das hat man nun davon, wenn man sich keck als die Hauptstadt der Normannischen Schweiz behauptet. Bei genauerer Betrachtung bleibt es zwischen den Granithäusern im Dorf eigentlich immer recht still, denn die Massen drängt es ans Wasser. Unterhalb von Clécy mäandert die Orne durch ein zwischen Thury-Harcourt im Norden und Putanges im Süden besonders bukolisches Flusstal. Bis zu 118 m hoch reichen die Uferfelsen, daher der Name Normannische Schweiz. Unten auf dem Wasser tummeln sich die Kanuten, oben auf dem Höhenweg genießen Wanderer die Stille. Clécy ist ein Mekka für jeden, der sich sportlich betätigen will.

Sport & Strände

Bootsverleih: Mehrere Anbieter halten **Kanus und Kajaks** bereit, u. a. La Guinguette à Tartine (Tel. 02 31 69 89 38) und Centre de Pleine Nature Lionel Terray (Le Viaduc, Tel. 02 31 69 72 82, www.centredepleinenature.com); auch Bogenschießen, Mountainbike, Klettern, Orientierungsparcours. **Klein- und Tretboote** vermietet u. a. Au Fil de l'Eau (Tel. 02 31 69 71 13).

Gleitschirmfliegen: Plaine Altitude, St-Omer, route des Crêtes, Tel./Fax 02 31 69 39 31, www.plaine-altitude.com. Begleitete Initialflüge, Verleih, Kurse.

Wandern: Von Clécy führt der Rundweg **La Houle** über die Klippen des **Pain de Sucre** auf der **Route des Crêtes** – mit herrlichen Blicken übers Orne-Tal. Wanderführer beim Office de Tourisme (s. auch Tour 3, S. 112).

Einkaufen

La Ferme du Vey: Siehe Unterkunft. Cidre, Pommeau, Calvados aus eigener Herstellung.

Les Ruchers de la Suisse Normande: Le Vey, Tel. 02 31 69 46 27. Honig, Gelée Royale, Wachs vom Imker, der auch ein kleines Bienenmuseum unterhält (April–Okt. Sa/So 15–18, Juli/Aug. tgl. außer Mi 14–18 Uhr).

Office de Tourisme: 14570 Clécy, place du Tripot, Tel. 02 31 69 79 95, Fax 02 31 69 76 50, www.suisse-normande.com. Infos zur normannischen Schweiz.

La Ferme du Vey: Le Vey (2 km östl.), Tel. 02 31 69 71 02, Fax 02 31 69 69 33, www.la-ferme-du-vey.com, DZ 35 €.
Nette *chambres d'hôtes* auf einem Großbauernhof sowie Ferienwohnungen und -häuser verschiedenster Größe in der Umgebung.

Le Moulin du Vey: Le Vey (2 km östl.), Tel. 02 31 69 71 08, Fax 02 31 69 14 14, www.moulinduvey.com, Dez. geschl., DZ 75–105 €.
Das schönste Hotel der Normannischen Schweiz in einer alten Mühle am Ufer der Orne, mit bukolischem Park. Gutbürgerliche Zimmer *à la française.*

Le Manoir de Placy: Dependance der 400 m entfernten Moulin du Vey (s. o.). Anheimelndes altes Granitgemäuer, komfortable Zimmer, stille Lage. DZ 79–125 €.

Auberge du Chalet de Cantepie: Cantepie (1,5 km nördl.), Tel. 02 31 69 88 88, So abends/Mo Ruhetag außer in den Schulferien, Menü 18–27 €.
Fachwerkhaus in berückend schöner Lage mit lauschiger Terrasse. Köstlich: Das Consommé von kleinen Krebsen mit geräuchertem Fisch.

Le Moulin du Vey: Siehe Unterkunft, Nov.–März So abends Ruhetag, Menü 24–64 €.
Vor der von riesigen Trauerweiden behüteten Terrasse rauscht die Orne. Im heimeligen Saal schaut man über den perfekt eingedeckten Tisch durchs Sprossenfenster. Und freut sich über Hummer in Sahne, hausgemachte *foie gras,* Lammbraten mit Gewürzbrot.

Ziele in der Umgebung

Le Pain de Sucre: 4 km nördl. Felsklippe mit dramatischem Blick über die Orne (siehe Tour 3, S. 112).

La Boucle du Hom: 17 km nördl., Flussschleife der Orne, die fast einen Kreis schließt.

La Roche d'Oêtre: 18 km südl., mit 118 m höchster Fels über der Orne. Zu Füßen die enge Schlucht der **Gorges de St-Aubert.**

Château de Pontécoulant: 12 km südwestl., Mitte April–Sept. Mi–Mo 10–12, 14.30–18, sonst Mi–So 14.30–16.30 Uhr, Okt. geschl.

Schloss (16.–18. Jh.) in der Feld-, Wald- und Wiesenlandschaft des Bocage mit Taubenturm und Jagdpavillon, originales Interieur sowie ein Park mit jahrhundertealten Alleen.
Falaise: 35 km östl. Die Stadt wurde 1944 stark zerstört, aber innerhalb ihrer mittelalterlichen Mauern geschickt wieder aufgebaut. Auf der wehrhaften Burg aus dem 12. Jh. – 15 Türme und bis zu 4 m starke Mauern – kam der Legende nach Wilhelm der Eroberer zur Welt (Feb.–Dez. tgl. 10–18, Juli/Aug. bis 19 Uhr, www.chateau-guillaume-le-conquerant.fr.).

Courseulles (D4)

Courseulles ist mit 4000 Einwohnern der wichtigste Badeort an der östlichen Côte de Nacre: Das Angebot an Hotels, Restaurants und Freizeitaktivitäten fällt entsprechend üppig aus. Während die Nachbarorte von der Orne-Mündung an fast nahtlos ineinander übergehen, setzt sich das Städtchen angenehm ab. Nach Westen folgt erst mal gar nichts, von unverbauten Dünen und goldgelben Sandstränden abgesehen. Fischereihafen, Austernpark und Jachthafen kommen hinzu – kurzum, hier brummt´s in der Hochsaison.

Sehenswert

La Maison de la Mer: Place Charles de Gaulle, Kernöffnungszeiten Feb.–Sept. 10–12, 14–18, Juli/Aug. 9.30–19 Uhr, www.lamaisondelamer.com.
Ein gläserner Tunnel, durch dessen Scheiben Seeaal, Hummer, Seeschildkröten die Besucher anschauen. Muschelsammlung.
Musée du Vieux Courseulles: Centre culturel, 17, rue Albert-Robert, Mai–Sept. Mi–Mo 14.30–18 Uhr. Lokalgeschichte vom 18. Jh. bis zur Ankunft de Gaulles an Bord des Zerstörers ›La Combattante‹ am 14. Juni 1944.
Centre Juno Beach: Voie des Français Libres, Okt.–März 10–13, 14–18, sonst 9–19 Uhr, Jan. geschl., www.junobeach.org.
Schau zur alliierten Landung.

Sport & Strände

Meerwasserschwimmbad: Av. de la Combattante, Mai–Sept., geheizt.
Segeln: École de Voile, rue Marine Dunkerque, Tel. 02 31 37 92 59, Kurse.
Strände: Langer Sandstrand am Ort.

Einkaufen

Fischmarkt: Sa/So am Hafen. Ein tolles Angebot.
Markt: Di, Fr im Zentrum. Ebenfalls vielfältiges Angebot.
Parcs de l'Île de Plaisance: Route d'Arromanche, tgl. 9–12.30, 14.30–19 Uhr. Austernpark mit Direktverkauf, auch Muscheln und Meeresfrüchte.

Office de Tourisme: 14470 Courseulles, 5, rue du 11 Novembre, Tel. 02 31 37 46 80, Fax 02 31 36 17 18, www.courseulles-sur-mer.com.

La Crémaillère: Av. de la Combattante, Tel. 02 31 37 46 73, Fax 02 31 37 19 31, www.la-cremaillere.com, DZ 45–100 €.
Das erste Haus am Platze (mit Dependance **Le Gytan**), direkt am Strand. Zimmer und Apartments, korrekt, aber ohne besonderen Charme – vom Seeblick abgesehen.
La Ferme du Petit Val: Banville (4 km südl.), 24, rue du Camp Romain, Tel. 02 31 37 92 18, Fax 02 31

37 92 18, Ostern–Allerheiligen, DZ 47–53 € (keine Kreditkarten!).
Fünf nette *chambres d'hôtes* auf einem Dorfbauernhof aus dem 18. Jh., mit Kamin und Balken, drei davon im Nebengebäude. Fahrräder, Grill, Kühlschrank, Mikrowelle zur Verfügung der Gäste.

La Pêcherie: Place du 6 Juin, Tel. 02 31 37 45 84, www.la-pecherie.com, Jan. geschl., Menü 19–41 €.
Ruder und Bullaugen zeigen es an: Fisch und Meeresfrüchte sind die Spezialität.
La Crémaillière: Siehe Unterkunft.
Vor dem Fenster schimmert die Perlmuttküste, auf der Karte locken fangfrischer Fisch und Meeresfrüchte. Menü 19–43 €.

Ziele in der Umgebung

Château de Fontaine-Henry: 11 km südl., Mitte Juni–Mitte Sept. tgl. außer Di 14.30–18.30 Uhr, www.chateau-de-fontaine-henry.com.
Idyllisch in den Wiesen des Bessin gebettetes Renaissance-Schloss mit einem wahren Turmgebirge. Weitere Anreize für einen Besuch sind der Schlosspark und die gotische Kapelle.

Coutances (B5)

Coutances (10 000 Einwohner) ist ein Muss für Kulturinteressierte. Trotz der Lage der Stadt am Westrand der Normandie führt kein Weg an der Kathedrale vorbei. Hinzukommen die Kirchtürme von St-Nicolas und St-Pierre, die neben der Kathedrale die Stadt überragen. Kurzum, das kulturelle Erbe der Bischofsstadt, die bis 1796 Hauptstadt der Cotentin-Halbinsel war, ist immens. Soviel Besichtigungen verdienen eine Belohnung: An die Küste, und damit an die zauberhaft gelegene Pointe d'Agon oder die Sommerfrische von Agon-Coutainville ist es nur ein Katzensprung.

Grüne Spur

Die Trasse der stillgelegten Bahnlinie Cherbourg–Coutances wurde zur **Voie verte**, einer ausschließlich Wanderern, Reitern, Radfahrern vorbehaltenen Piste ausgebaut. Die 65 km lange ›grüne Spur‹ führt von Sottevast über Bricquebec, St-Sauveur, La Haye-au-Puits, Lessay und Périers nach Cambernon.

Sehenswert

Notre-Dame: 9–19 Uhr.
Die Kathedrale gilt als Wegbereiter der Gotik in der Normandie. Das Westwerk kaschiert jedoch den romanischen Kern des Gotteshauses, der im 13. Jh. ummantelt wurde. Kostbare Innenausstattung. Besonders schön die Fenster und der Chorumgang.
Hôtel de Ville: Barockpalais mit Fassade des 19. Jh., im Hof ein imposantes schmiedeeisernes Treppengeländer.
St-Nicolas: Spätgotisches Gotteshaus mit Chor von 1620.
St-Pierre: Auch spätgotisch, aber im Renaissance-Stil meisterlich vollendet.
Jardin des Plantes: Juli/Aug. 9–23.30, April–Juni, Sept./Okt. 9–20, sonst 9–17 Uhr.
Botanischer Garten von 1850 mit Obelisk des Gründers. In Terrassen angelegtes Arboretum. Vom hinteren Teil Blick über das Bulsard-Tal und die drei erhaltenen Bögen eines gotischen Aquädukts.
Musée Quesnel-Morinière: April–Okt. 10–12, 14–17, Juli/Aug. bis 18 , Nov.–März 14–17 Uhr.
Städtisches Museum in einem Adelspalais am Botanischen Garten. Sammlung

zur Lokalgeschichte, von Geschirr bis Malerei.

Einkaufen

Markt: Do morgen – das Ereignis der Woche.

Feste & Unterhaltung

Jazz sous les Pommiers: Um Christi Himmelfahrt, Jazz-Festivals (www.jazzsouslespommiers.com, s. S. 18).

Office de Tourisme: 50200 Coutances, place Georges Leclerc, Tel. 02 33 19 08 10, Fax 02 33 19 08 19, www.coutances.fr.

La Taverne du Parvis: Place du Parvis Notre-Dame, Tel. 02 33 45 13 55, Fax 02 33 45 68 00, www.lataverneduparvis.com, DZ 42–50 €.
Leicht angestaubt, aber zentraler geht es nimmer. Die Glocken der Kathedrale bimmeln bis ins Zimmer. Auch nicht ganz leise wegen der Taverne im Erdgeschoss.

Le Cositel: 1 km außerhalb an der D 44 (Richtung Agon-Coutainville), Tel. 02 33 19 15 00, Fax 02 33 19 15 02, www.hotelcositel.com, DZ 54–58 €.
Schöne Aussicht auf Coutances von diesem modernen Hotel aus dank der-Hügellage. Ausgestattet mit allen Annehmlichkeiten von Minibar bis Satelliten-TV. Panoramarestaurant ›Le Pommeau‹ und Bistro ›Jazzy‹.

Crêperie Le Râtelier: 3 bis, rue Georges Clemenceau, Tel. 02 33 45 56 52, So/Mo Ruhetag.
Die Bretagne ist nicht fern, eine Crêpe zu speisen liegt daher nah. Die gibt es von süß bis deftig. Nette Atmosphäre. Menü ab 13 €.

Le Tourne Bride: Gratot (4 km nordwestl.), 85, rue d'Argouges, Tel. 02 33 45 11 00, So abends/Mo Ruhetag, Menü 15–38 €.

Die Strandpromenade in Deauville lädt zum Bummeln ein

Traditionelle Küche unweit des Schlosses von Gratot.

Bahn: Gare SNCF, place de la Gare. Züge u. a. nach Avranches, St-Lô, Caen.

Ziele in der Umgebung

Agon-Coutainville: Badeörtchen mit dem Charme der 1930er Jahre und Dünenstrand. Tipp: Wanderung nach Süden zur **Pointe d'Argon,** wo ein Leuchtturm die längliche Bucht von **Heugueville** überragt. Blick auf den Ärmelkanal. Bei Ebbe zieht sich das Meer kilometerweit zurück.

Deauville (F4)

Elizabeth Taylor *was here.* Clint Eastwood auch. Steven Spielberg? Sowieso! Alle Jahre wieder zieht das Festival des amerikanischen Films Hollywood-Stars nach Deauville (4500 Einwohner). Für den Rest des Jahres zeigen sich die Pariser der besseren Viertel am Strand, hinter dem Coco Chanel bereits 1913 eine Boutique aufgemacht hat. Klingt glamourös, doch die gutsituierten Ferienhausbesitzer ersparen Deauville nicht eine gewisse Spießigkeit. Man fährt New Beetle, Jaguar oder Benz, und kleidet sich, wie es sich auf der Pferderennbahn gehört – nobel also. Die nämlich steht für Pferdeversteigerungen und -rennen auf allerhöchstem internationalen Niveau. Deauvilles Aufstieg zum heute unbestritten mondänsten Bad an der normannischen Küste ist eng mit der Rennbahn und einem Namen verbunden. 1859 lancierte der Herzog von Morny, Enkel von Talleyrand und Halbbruder von Napoleon III., das neue Reiseziel der besseren Pariser Kreise. Deauville wurde im Schachbrettmuster angelegt, denn im Gegensatz zum benachbarten Trouville am rechten, von Hügeln eingezwängtem Touques-Ufer, war hier alles eben, inklusive Platz zum Bauen.

Sehenswert

Boulevard de la Mer: Das pompöse Herzstück bilden Hotel Normandy, Casino und Hotel Royal. Am Strand sind die Umkleidekabinen nach Prominenten benannt, die sich einst hier entblätterten.

Villa Strassburger: Av. Strassburger, Führungen Juli/Aug. Di– Do 11, 15, 16 Uhr. Die imposanteste Villa von Deauville, im neo-normannischen Stil der Belle Époque von der Rothschild-Dynastie erbaut. Heute städtischer Besitz.

Sport & Strände

Golf: Golf Club de l'Amirauté, Tel. 02 31 14 42 00, www.amiraute-resort.com und **Golf de Deauville-St-Gatien,** Tel. 02 31 65 19 99, www.golfdeauvillesaintgatien.com, beide 18 Loch.

Meerwasserschwimmbad: Piscine Olympique, bd. de la Mer, Tel. 02 31 14 02 17. Drei Becken, eines davon im Olympiaformat.

Reiten: École d'Équitation – Pony Club, rue Reynaldo-Hahn, Tel. 02 31 98 56 24.

Strände: Immenser Sandstrand mit den für Deauville typischen bunten Badezelten, die die Etablissements des Bains de Mer vermieten (bd. de la Mer, Tel. 02 31 14 02 16).

Tennis: Tennis Municipaux, bd. de la Mer, Tel. 02 31 14 02 18.

Thalassotherapie: Thalasso de Deauville, 3, rue Sem, Tel. 02 31 87 72 00, www.thalasso-deauville.com.

Wassersport: École de Voile – Deauville Yacht Club, quai de la Marine, Tel. 02 31 88 38 19, www.dyc14.

com. **Centre nautique,** bd. de la Mer, Tel. 02 31 14 02 19, Verleih von Surfbrettern, Strandseglern, Kanus.

Einkaufen

Nobelboutiquen hinter dem Casino und ums Hotel Normandy.

Ausgehen

Casino Barrière de Deauville: Rue Edmond Blanc, www.lucienbarriere.com. Glückspiel in allen Formen, Bars, Restaurants, Diskothek-Nightclub ›Le Régine's‹ (Zweigstelle des Pariser Etablissements), Bühnenshows.

Feste & Unterhaltung

Pferderennen: Juli–Okt.,s. S. 20.
Festival du Film Américain: Ende Aug./Anfang Sept., s. S. 19.
Equi'days: Mitte Okt., Pferderennen und -schauen, Gestütsbesichtigungen.

Office de Tourisme: 14800 Deauville, place de la Mairie, Tel. 02 31 14 40 00, Fax 02 31 88 78 88, www.deauville.org.

L'Augeval: 13, av. Hocquart de Turtot, Tel. 02 31 81 13 18, Fax 02 31 81 00 40, www.augeval.com, DZ 72–138 €.
Auftrumpfende 1900-Villa im normannischen Cottage-Stil. In der Nähe des Hippodroms, Pool, komfortable Zimmer.
Normandy Barrière:
38, rue Jean Mermoz, Tel. 02 31 98 66 22, Fax 02 31 98 66 23, www.lucienbarriere.com, DZ ab 185 €.
Monument und Hotel zugleich. 1912 im neo-normannischen Stil am Uferboulevard erbaut. Unter der Dachlandschaft luxuriöse Zimmer. Pool, Sauna, Fitness.

Marybeth's: 42, rue Hoche, Tel. 02 31 98 26 72.
Petits fours, Kuchen, Herzhaftes in Martine Bazires charmanten *salon de thé.*
Chez Marthe: 1, quai de la Marine, Tel. 02 31 88 92 51, www.chezmarthe.com, Di/Mi außerhalb der Saison Ruhetag, Jan. geschl., Menü ab 25 €.
Bistro am Jachthafen, mit Trödel und Trouvaillen der 1930er Jahre. Fisch nach Angebot des Tages.
Le Yearling: 38, av. Hocquart de Turtot, Tel. 02 31 88 33 37, www.leyearling.com, Di/Mi Ruhetag, Menü 18 (mittags)–42 €.
Bistro in der Nähe des Hippodroms mit englischem Touch – *for horsy people.* Moderne Bistro-Gerichte.

Bahn: Gare SNCF Trouville-Deauville, av. de la République. Nach Paris, Lisieux, Dives–Cabourg.
Busbahnhof: Neben dem Bahnhof, Tel. 02 31 88 95 36. Verbindungen zu fast allen Orten der Côte Fleurie.

Ziele in der Umgebung

Besichtigung dreier berühmter **Calvados-Brennereien:** Den Anfang macht die Brennerei **Cœur de Lion** in Coudray-Rabut (10 km südl., www.cœur-de-lion.com), gefolgt vom **Château du Breuil** in Breuil-en-Auge (20 km südl., www.chateau-breuil.fr) und **Boulard** in Coquainvilliers (26 km südl., www.calvados-boulard.com).

Dieppe (H1)

Dieppe (35 000 Einwohner) lebt im Rhythmus der beiden Hebe- bzw. Drehbrücken, die die drei Becken von Handels-, Jacht- und Fischereihafen je nach Bedarf trennen und öffnen. Die Fähre aus Newhaven bringt regelmäßig einen

Schwung britischer Touristen an den Kai, wo die barocken, aus gelben Ziegeln gebauten Reederpaläste vom einstigen Reichtum der Stadt als Elfenbeinhandelsmetropole zeugen. Wem es zu turbulent in der Stadt wird, kann an den weiten Strand ausweichen – wo um 1820 der Bädertourismus erfunden wurde. In Dieppe stieg die vornehme Welt zum ersten Mal überhaupt ins Wasser. Eine Mode war geboren, von der Dieppe neben dem Fischfang bis heute lebt.

Sehenswert

St-Jacques: 9–18 Uhr.
Gewaltiges Gotteshaus (12.–16.Jh.), um das sich die Altstadt schart. Reiches Interieur aus der Hochgotik (Chorgewölbe) und Renaissance *(mur des sauvages,* ein Fries mit den Abenteuern der Seefahrer aus Dieppe).

Notre-Dame-de-Bonsecours: Gotische Fischerkapelle über der Hafeneinfahrt (Ostufer). Blick von der Klippe über die Stadt.

Quai Duquesne, Quai Henri IV, Quai du Havre: Etliche Reederpaläste (Hôtel d'Anvers), zum Teil mit Erdgeschossarkaden. In den Cafés werden *moules-frites* serviert, die lokale Spezialität.

Château-Musée: Juni–Sept. tgl. 10–12, 14–18, Okt.–Mai Mi–Mo 10–12, 14–17, So bis 18 Uhr, www.musees-haute-normandie.fr.
Mittelalterliche Zwingburg aus roten Ziegeln hinter dem Strand. Ausgestellt sind Schnitzwerke aus Elfenbein, Seefahrtskarten, eine Sammlung zur Geschichte des Seebads Dieppe.

ESTRAN – La Cité de la Mer: 37, rue de l'Asile Thomas, tgl. 10–12, 14–18 Uhr, www.estrancitedelamer.free.fr.
Alles über Fischfang, die christliche Seefahrt und die Klippen um Dieppe.

Sport & Strände

Fahrradverleih: Buscyclette, Pont Jehan Ango, Tel. 06 24 56 06 27.

Strand: Langer Kieselstrand. Dahinter weitläufige Grünanlagen.

Einkaufen

Markt: Sa, der wichtigste Termin im Wochenrhythmus, zentral und riesig.

Ausgehen

Café des Tribunaux: 1, place du Puits Salé, Tel. 02 32 14 44 65.
Eine Institution: Sehen und Gesehen werden vor der Fachwerkfassade – so hielt es bereits Oscar Wilde.

Feste & Unterhaltung

Festival International de Cerf-Volant: Sept. in geraden Jahren, Festival der bunten Flugkörper (s. S. 19).

Office de Tourisme: 76200 Dieppe, Pont Jehan Ango, Tel. 02 32 14 40 60,

Künstlerkolonie

Auf dem **Cimetière marin** von **Varengeville** (westl. von Dieppe) fand der Maler Georges Braque 1963 seine letzte Ruhestätte. Ein Fenster und der Altartabernakel der Friedhofskirche stammen von ihm (Sommer 8–21, sonst 9–18 Uhr). Braque hatte ein Atelier im Dorf. Auch der Schriftsteller Queneau (›Zazie dans le Métro‹) und der Maler Miró lebten zeitweise in Varengeville, das sich mit dem üppigen Grün alter Gärten und verspielten Villen als idyllische Sommerfrische erweist. Ein Küstenweg führt zum Leuchtturm von Ailly.

Fax 02 32 14 40 61,
www.dieppetourisme.com.

Hôtel des Arcades: 1–3, arcades de la Bourse, Tel. 02 35 84 14 12, Fax 02 35 40 22 29, www.lesarcades.fr, DZ 43–75 €.
Hotelgäste treten seit dem 19. Jh. unter die Arkaden, um ein Zimmer zu beziehen. Die sind modern, schlicht und je nach Preislage mit Hafenblick.
Hôtel de la Terrasse: Varengeville, route de Vasterival, Tel. 02 35 85 12 54, Fax 02 35 85 11 70, www.hotel-restaurant-la-terrasse.com, Mitte März–Mitte Okt., DZ 45–61 €.
Bezauberndes Belle-Époque-Haus im Grünen mit herrlichem Blick über das Meer: Cosy und still, lauschiger Garten.
La Villa des Capucins: 11, rue des Capucins, Tel. 02 35 82 16 52, Fax 02 32 90 97 52, www.medaizoom.com/capucins, DZ ab 59 €.
Vier *chambres d'hôtes* in den ehemaligen Pferdeställen eines Klosters mitten in der Stadt, mit Garten.

La Marmite Dieppoise: 8, rue St-Jean, Tel. 02 35 84 24 26, So abends/Mo, Do Ruhetag, Menü ab 16 €.
Vier Fischsorten und Muscheln gehören in die *marmite dieppoise,* ein Fischeintopf, nach dem das Restaurant mit Ziegelwänden, wie es sich für Dieppe gehört, benannt wurde.
Hôtel de la Terrasse: Siehe Unterkunft. Empfehlenswert ist das *Menu de la Manche,* mit allem, was der Ärmelkanal hergibt. Panoramblick übers Meer. Menü 18–30 €.

Bahn: Gare SNCF, place Semard. Direkt nach Paris, Rouen.
Fähren: Hoverspeed (www.hoverspeed.com) oder **Transmancheferries** (www.transmancheferries.com) nach Newhaven.

Ziele in der Umgebung

Château de Miromesnil: 9 km südl., Mai–Sept. Mi–Mo 14–18 Uhr, www.chateaux-france.com/miromesnil. Familienschloss von Guy de Maupassant. Bezaubernder Gemüsegarten mit alten Sorten.
Château d'Arques-la-Bataille: 8 km südl. Ruine einer Burg des 11. Jh. Nur Außenbesichtigung.

Highlight 5

Étretat (F2)

Berühmt sind die kalkbleichen Steilklippen, die anderswo zwar ebenso hoch sind, in Étretat (1600 Einwohner) jedoch galant ins Meer staksen. Wind und Wetter haben etwa aus der Falaise d'Aval einen majestätischen Bogen gewaschen. So viel Fallhöhe bringt auf dumme Gedanken: Seit der Autor Maurice Leblanc seinen Gentleman-Ganoven Arsène Lupin nach Étretat schickte, macht das Bäderstädtchen als der Ort, wo man sich seiner/seines Liebsten mit einem Schubs entledigen kann, Krimigeschichte.

Sehenswert

Marché Couvert: Markthalle aus Fachwerk (1926) im historisierenden Stil.
Le Clos Lupin: 15, rue Guy de Maupassant, April–Sept. tgl. 10–17.45 Uhr, Jan. geschl., sonstige Monate siehe www.arsene-lupin.com.
Herrschaftliches Anwesen, das ganz den galanten Diebeszügen von Arsène Lupin gewidmet ist. Szenischer Rundgang. Amüsant.

Notre-Dame: Route de Bénouville, romanisch-gotische Kirche (11.–13. Jh.).
Klippen: Die wegen des eleganten Kalkbogens ins Meer berühmteste Klippe heißt **Falaise d'Aval** (85 m). Etwas weiter westlich folgen die **Aiguille**, eine 70 m hohe Felsnadel, die Grotte **Le Trou de l'Homme** und **La Manneporte,** noch ein Naturbogen. Die **Falaise d'Amont** im Osten ermöglicht den Blick auf die eben Genannten. An allen entlang führt der Fernwanderweg GR 21. Vorsicht! Die Klippenkante ist brüchig.

Ziegenkäse

Le Valaine ist eine Ziegenfarm auf dem Herrenhaus Manoir de Cateuil südl. von Étretat (route du Havre, D 940). Zu kaufen gibt es Ziegenkäse, *paté* vom Zicklein mit Calvados, Eis und Schokolade aus Ziegenmilch, Cidre und Honig (März–Nov. 9–12.30, 14–19 Uhr, einstündige Führungen Ostern–Mitte Nov. So und feiertags 11 Uhr, Juli/Aug. Sa–Mi 11 Uhr, www.levalaine.com.

Sport & Strände

Strände: Kieselstrand am Ort.

Feste & Unterhaltung

Meeressegnung: Do vor Christi Himmelfahrt, der Pfarrer segnet vom Boot aus die Fluten. Messfeier und Kirmes.

Office de Tourisme: 76790 Étretat, place Maurice Guillard, Tel. 02 35 27 05 21, Fax 02 35 28 87 20, www.etretat.net.

Villa Les Charmettes: Allée des Pervenches, Tel. 02 35 27 05 54, Fax 02 35 28 45 08, DZ 80 €.
Drei *chambres d'hôtes* in 150 Jahre alter, großer Villa, sonnig und still, mit Garten und Terrasse.
Dormy House: Route du Havre, Tel. 02 35 27 07 88, Fax 02 35 29 86 19, www.dormy-house.com, DZ 85–155 €. Das Hotel thront über Étretat, inklusive Blick auf die Klippen und das Meer.

Le Galion: Rue René-Coty, Tel. 02 35 29 48 74, www.etretat.net/le-galion, Mitte Dez.–Mitte Jan. geschl., Di abends/Mi Ruhetag, Menü 23–41 €. Fisch und Meeresfrüchte. Das reich verzierte Gebälk (14. Jh.) des Hauses stammt aus einem Abbruchhaus in Lisieux.

Bus: Les Autocars Gris, Tel. 02 35 27 04 25. Nach Le Havre.

Évreux (J5)

Bei Évreux (52 000 Einwohner) denkt jeder Normanne an die Kathedrale und jeder aufmerksame französische Katholik an die Bedeutung der Stadt als einer der wichtigsten Bischofssitze im Land. Évreux nimmt auch eine Rolle als Mittler zwischen reicher oberer und armer unterer Normandie ein: Hier hat das für die gesamte Normandie zuständige regionale Fremdenverkehrsbüro CRT seinen Sitz.

Sehenswert

Notre-Dame: 8–12, 14–19 Uhr. Bedrohlich groß baut sich die Kathedrale am Ufer des Iton auf. Ein reich dekoriertes Monument vom Übergang der Spätgotik zur Renaissance.

Musée d'Évreux: Di–So 10–12, 14–18 Uhr.
Im ehemaligen Bischofspalais (16. Jh.) neben der Kathedrale werden Ausgrabungsfunde aus Le Vieux Évreux (gallo-römische Antike), mittelalterliche Sakralkunst und Mobiliar aus dem 17.–18. Jh. ausgestellt. Im Keller sind Reste der antiken Stadtbefestigung sichtbar.
Tour de l'Horloge: Der ehemalige Wachturm (15. Jh.) mit großer Uhr überragt mit 44 m die Place Charles de Gaulle und das neo-klassische Rathaus.
St-Taurin: Rue Joséphine.
Die ehemalige Abteikirche (10. Jh.) birgt den kostbaren Reliquienschrein des hl. Taurin (13. Jh.), ein Meisterwerk mittelalterlicher Goldschmiedekunst.

Einkaufen

Auzou: 34, rue Chartraine. *Der* Chocolatier-Pâtissier von Évreux – süße Verführungen mit Namen wie *caprices des Ursulines, pavés d'Évreux, pommes de Normandie au Calvados, zouzous.*

Office de Tourisme: 27 000 Évreux, 1ter, place du Général de Gaulle, Tel. 02 32 24 04 43, Fax 02 32 31 28 45, www.evreux-tourisme.org.

Hôtel de France: 29, rue St-Thomas, Tel. 02 32 39 09 25, Fax 02 32 38 38 56, www.hoteldefrance-evreux.com, DZ 43–52 €.
Zentrale Lage, gemütliche, komfortable Zimmer, zum Teil mit offenen Balken.
Le Manoir d'Aulnay: St-Sébastien-de-Morsent (4 km westl., Richtung Conches), Tel. 02 32 37 49 69, Fax 02 32 37 37 22 27, www.manoir-aulnay.com, DZ ab 78 €.
Herrenhaus im normannischen Stil (19. Jh.) in parkähnlichem Garten gelegen. Pastellfarbene, zum Teil sehr geräumige Zimmer.

La Vieille Gabelle: 3, rue Vieille Gabelle, Tel. 02 32 39 77 13, im Aug. drei Wochen geschl., Sa mittags, So abends/Mo Ruhetag,

Der Reifeprozess des Bénédictine wird regelmäßig geprüft

Menü 15–25 €.
Zwei heimelige Säle, einer davon mit Kamin, hinter einer Fachwerkfassade, klassische normannische Küche.
La Gazette: 7, rue St-Sauveur, Tel. 02 32 33 43 40, Sa mittags, So Ruhetag,Menü 19–38 €.
Intimes Bistro mit alten Zeitungen an den Wänden. Innovative Küche, köstliches Perlhuhn mit Trockenaprikosen und Pistazien.

Bahn: Gare SNCF, bd. Gambetta. Nach Paris und Cherbourg.

Ziele in der Umgebung

Conches-sur-Ouches: 18 km südwestl. Fachwerkstädtchen am Rand des **Forêts de Conches.** Auf dem Weg lädt bei Bonneville der **Lac de la Noë** zum Baden ein.

Fécamp (G2)

Fécamp (22 000 Einwohner) – und Frankreich denkt an Schnaps. Nicht an irgendeinen freilich, sondern an einen Likör, in den 27 Kräuter und Gewürze gehören. Ein Benediktinermönch aus Fécamp hat das Gesundheitselixir 1510 erfunden – der Rest ist Geschichte. Als *Bénédictine* machte der Likör die Hafenstadt an der Côte d'Albâtre weltberühmt. Seit 1900 hat die Bénédictine in einem der überdrehtesten Fin-de-Siècle-Palais ganz Frankreichs ein würdiges Domizil gefunden. Es hat sich viel in Fécamp getan in den letzten Jahren. Aufgelassene Lagerhäuser an den Kais verwandelten sich in Lofts und Büros. Die Uferpromenade über dem Strand wurde neu gestaltet. Im benachbarten Hafen liegen Frachter vor Anker, doch wie überall schwindet die Bedeutung des Fischfangs.

Sehenswert

Palais Bénédictine:
110, rue Alexandre Le Grand, Kernöffnungszeiten Feb.–Dez. tgl. 10.30–13, 14–18 Uhr, www.benedictine.fr.
Fulminanter Bau des späten 19. Jh., ein Neo-Renaissance-Gebirge aus Erkern und Türmen. Im Koloss ist Platz genug für große Wechselausstellungen moderner Kunst, das hauseigene Museum mit kostbarer mittelalterlicher und Renaissance-Kunst, einen Pfad der Sinne, der zur Herstellung des Kräuterelixirs führt – und natürlich die Bénédictine-Boutique. Absolut sehenswert.
Musée des Arts et de l'Enfance:
21, rue Alexandre-Legros, Mi–Mo 10–12, 14–17.30 Uhr, Juli/Aug. auch Di.
Schnuller von der Antike bis heute: Ein Museum zur Geschichte der Kindheit, aber auch Kunstmuseum mit Schwerpunkten von Waffen über Möbel bis zu Elfenbeinschnitzwerk.
Abbatiale de la Trinité:
Rue des Forts, Juli/Aug. Do, So 15 Uhr Führungen.
Grandiose romanisch-gotische Abteikirche (13./14. Jh.) mit lichtem, himmelstrebendem Langhaus, im Chor die Grablegen der Äbte und Herzöge der Normandie.
Notre-Dame-de-Salut: Auf der Klippe über dem Hafen, 9–18 Uhr.
Kapelle der Fischer (15./16. Jh) mit vergoldeter Madonna auf dem Turm, Ex-Votos im Innern. Herrlicher Blick.
Musée des Terre-Neuvas et de la Pêche: 27, bd. Albert Ier, Mi–Mo 10–12, 14–17.30 Uhr, Juli/Aug. auch Di.
Museum zur Geschichte der Neufundlandfischer, die vom 16. Jh. bis 1987 ausliefen, um Kabeljau zu fangen. Schiffs- und Werftmodelle, Gemälde, historisches Material. Sehenswert.

Sport & Strände

Strände: Breiter Kieselstrand direkt vor Fécamp, ein kleinerer, von Felsen gerahmter in Yport.

Wandern: Der GR 21 führt auf den Klippen hoch über dem Meer im Osten nach Sassetot-le-Mauconduit und im Westen nach Étretat. Dazu 18 ausgewiesene Rundwege um Fécamp.

Wassersport: Société des Régates, Chaussée E. Levasseur, Tel. 02 35 28 08 44, www.srfecamp.net/spip. Segelkurse auf Katamaranen und Jachten, ab 10 Jahre. **Point Plage,** Juli/Aug. 10–19 Uhr, Kontakt über Office de Tourisme. Verleih von Katamaranen, Surfbrettern, Kajaks.

Einkaufen

Bénédictine: Den Likör gibt es im Palais Bénédictine, s. o.

Les Pêcheurs d'Islande: 41, quai Bérigny. Stockfisch, Lachs, geräucherter Hering.

Feste & Unterhaltung

Fêtes de la Mer: Ende Juli, Fest zu Ehren der See, mit Bootsausfahrten, Straßenfest und Ausstellungen.

Foire aux Harengs: Nov., alljährlicher großer Heringsmarkt.

Office de Tourisme: 76400 Fécamp, 113, rue Alexandre-Le-Grand, Tel. 02 35 28 51 01, Fax 02 35 27 07 77, www.fecamptourisme.com.

Chambres d'hôtes Le Petit Navire: Yport, 26, rue Emmanuel-Foy, Tel. 02 35 28 00 94, www.lepetitnavire.com. DZ mit Frühstück 46 €.
Vier geräumige Gästezimmer mit *vue sur mer* und eigenem Bad.

La Ferme de la Chapelle: Côte de la Vierge, Tel. 02 35 10 12 12, Fax 02 35 10 12 13, www.fermedelachapelle.fr, Nov. geschl., DZ 60–66 €.
Gehöft hoch auf der Steilklippe mit Blick aufs Meer und die Stadt, an die Kapelle der Seefahrer gebaut. Still, Zimmer und Apartments im Ikea-Look, Pool.

Brasserie le Maupassant: 4, av. Gambetta (im Hotel Normandy), Tel. 02 35 29 55 11, www.normandy-fecamp.com, So geschl., Menü ab 17 €.
Schmucke Brasserie mit ordentlichen Menüs, unkompliziert und gesellig.

Auberge de la Rouge: Route du Havre (2 km südl.), Tel. 02 35 28 07 59, www.auberge-rouge.com, So abends/Mo Ruhetag, Menü 18 (Mo–Fr mittags)–50 €..
Der beste Tisch der Stadt. Lauwarmer Rochensalat mit *andouille* aus Vire, Jakobsmuscheln mit geschmorten Endivien.

Bahn: Gare SNCF, av. Gambetta. Nach Le Havre, Valmont.

Bus: Autocars Gris, Tel. 02 35 27 04 25. Nach Yport, Étretat, Le Havre.

Ziele in der Umgebung

Yport: 4 km westl. Eng in eine Bucht gestauchtes Badeörtchen mit üppigem Grün im Hinterland.

Vaucottes: 7 km westl. Der sehr private Weiler liegt in einer schmalen, spitzen Bucht am Meer. Die Zufahrt für Autos ist verboten, doch von der D 211, die oberhalb verläuft, ergibt sich ein toller Blick.

Allouville-Bellefosse: 30 km südl. Typisches Dorf des Hinterlands. Hauptattraktion ist die älteste Eiche Frankreichs mit Kapellen im Stamm.

6

Highlight

Giverny (K5)

Ein Dorf (1100 Einwohner) wie aus dem Bilderbuch der Douce France, mit Glyzinien und Stockrosen. Kein Wunder, dass es Claude Monet hier gefiel. Der Impressionist lebte 1883–1926 in Giverny. Sein Grab ist auf dem Friedhof. Selbstverständlich heißt die Hauptstraße heute rue Claude Monet. Ebenso selbstverständlich strömen Amerikaner oder Japaner auf Frankreichbesuch ins zauberhafte Dorf. Merke, an Giverny geht keine Normandie-Reise vorbei, was für einigen Trubel während der Sommermonate sorgt.

Sehenswert

Atelier und Maison Monet:
Di–So April–Okt. 9.30–18 Uhr, auch Ostermontag und Pfingstmontag, http://giverny.org.
Monets Wohnhaus, das legendäre Seerosenatelier und die von ihm angelegten und immer wieder auf die Leinwand gebannten Gärten.

Musée d'Art Américain: April–Okt., Di–So 10–18 Uhr (auch Ostermontag und Pfingstmontag), www.maag.org.
Zeitgenössische amerikanische Maler wie Jasper Johns und andere, die im Dorf gemalt haben. Die amerikanische Künstlergemeinde stieg seinerzeit im Hôtel Baudy ab (s. u.).

Office de Tourisme: 27201 Vernon, Maison du Temps Jadis, 36, rue Carnot, Tel. 02 32 51 39 60, 02 32 51 86 55, www.ville-vernon27.fr.
Für Giverny zuständig.

Chambres d'hôtes La Réserve: Außerhalb von Giverny (Anfahrt bei Reservierung erfragen), Tel./Fax 02 32 21 99 09, DZ mit Frühstück ab 125 €.
Fünf mit Sinn fürs Detail eingerichtete Zimmer in einem Herrenhaus.

Von der alten Seine-Brücke in Vernon blieb nur das einstige Zollhaus erhalten

Hôtel Baudy: 81, rue Claude Monet, Tel. 02 32 21 10 03, außer an Feiertagen So abends/Mo Ruhetag, Menü 20 €, DZ ab 125 €. Wer im Restaurant isst, darf den 7000 m^2 großen Garten besichtigen, der wieder so hergerichtet wurde, wie ihn die Besucher von der anderen Seite des Atlantiks um 1890 erblickt haben.
Les Fleurs: Vernon, 71, rue Carnot, Tel. 02 32 51 16 80, Aug. geschl., So abends/Mo Ruhetag, Menü 23–44 €. Traditionsküche im Fachwerkbau.

Ziele in der Umgebung

Vernon: Im Zweiten Weltkrieg stark zerstörtes Seine-Städtchen. Erhalten blieben am rechten Flussufer das malerische **Zollhaus** in Fachwerk und das **Château des Tourelles,** auf dem linken Ufer das **Barockschloss Bizy** mit grandioser Cour d'Honneur und Stallungen (April–Okt. Di–So 10–12, 14–18, März Sa/So 14–17 Uhr). Im Zentrum stehen ein paar Fachwerkzeilen. Im **Musée de Vernon** Werke von Monet (April–Sept. Di–Fr 10.30–12.30, Di–So 14–18, Okt.–März Di–So 14–17.30 Uhr).

Grandcamp-Maisy (C3)

Mit Grandcamp-Maisy (2000 Einwohner) endet im Westen die Côte de Nacre. Wenige Kilometer entfernt beginnt eine andere Welt: Die Vire markiert die Verwaltungsgrenze zwischen den Départements Calvados und Manche und zwischen den Kulturlandschaften Bessin und Cotentin. Das karge Fischerstädtchen profitiert von dieser Lage als idealer Ausgangspunkt in alle Richtungen – wozu auch der Naturpark der Sümpfe des Bessin und des Cotentin zählt.

Sport & Strände

Bootsausflüge: Colonel Rudder, 11, rue Aristide Briand, Tel. 02 31 21 42 93 oder 02 31 22 64 15. Interessante Touren an Bord der Barkasse (65 Plätze) zu den D-Day-Stränden zwischen Arromanches und St-Vaast-la-Hougue.
Wassersport: École de Voile, quai Chéron, Tel. 02 31 22 14 35. Segeln und Surfen. Kurse und Verleih.
Wandern: Küstenwanderweg über die Klippen bis Vierville (12 km östl.).

Office de Tourisme:
14450 Grandcamp-Maisy,
118, rue Aristide-Briand,
Tel. 02 31 22 62 44,
Nov.–März Tel. 02 31 22 64 34,
Fax 02 31 22 99 95,
ot.grandcampmaisy@wanadoo.fr.

Hôtel Duguesclin:
4, quai Crampon,
Tel. 02 31 22 64 22,
Fax 02 31 22 34 79,
Mitte Jan.–Mitte Feb. geschl.,
DZ 28–53 €.
Etwas altmodisches Hotel in Strandlage. Die schönsten Zimmer sind die zum Meer, die übrigen in einem etwas banalen Nebenbau.
Villa Bellevue: 13, rue du Commandant Kieffer, Tel. 02 31 22 64 02, Fax 02 31 22 30 20, DZ 55 €. Komfortable *chambres d'hôtes* (bis 4 Pers.) mit Holzmezzanine, Kamin und eigenem Eingang. Hell, mit normannischem Mobiliar. Frühstück auf Veranda mit Garten- und Seeblick.

La Marée: Le Port,
Tel. 02 31 21 41 00,
Jan. geschl., Okt.–März So abends/Mo Ruhetag, Menü 14–25 €.
Terrasse und maritim dekorierter Saal mit Veranda – dazu der Blick aufs Was-

ser. Auf der Karte natürlich Fisch, etwa Scholle in Isigny-Butter.

Bus: Les Bus Verts, Tel. 08 10 214 214, www.busverts14.fr. Mehrmals tgl. nach Bayeux.

Ziele in der Umgebung

Isigny: 10 km südl. Butter und Sahne aus Isgny haben Kultstatus und tragen das AOC-Label. Besichtigung der Molkereigenossenschaft mit Probe (Juli/Aug. Mo–Sa 10, 11, 15, 16 Uhr, eigener Laden, www.isigny-ste-mere.com).

Château de Colombières: 14 km südl., Juli/Aug. Mo–Fr 14.30–18 Uhr, Sept. nur Sa/So. Nur mit Führung. Die Bilderbuchburg des 15. Jh. verzaubert mit Wassergräben, Park und rapunzelwürdigem Turm.

Parc Naturel Régional des Marais du Cotentin et du Bessin:
Les Ponts d'Ouve – St-Côme-du-Mont, 25 km westl., Richtung Carentan, Tel. 02 33 71 65 30, www.parc-cotentin-bessin.fr.
Die amphibische Landschaft der Sümpfe und Feuchtwiesen an der Schnittstelle von Bessin und Cotentin ist Heimat Dutzender seltener Tierarten.

Granville (A6)

Was für eine Lage! Die Haute Ville drängt sich in schwindelnder Höhe auf einem ins Meer vorpreschendem Fels. Zu ihren Füßen liegt im Süden der nicht gerade kleine Hafen, und im Norden das einen Hauch mondäne Seebad, wo der Modezar Christian Dior das Licht der Welt erblickte. Draußen vor der Küste dümpeln die Chausey-Inseln im Ärmelkanal. Gefeiert wird vor allem im Februar ordentlich: Granville (13 000 Einwohner) ist eine Karnevalshochburg.

Sehenswert

Haute Ville: Hoch auf dem Fels liegt die Altstadt von Granville mit ihren engen Gassen. Der Zugang erfolgt durch das Schlupfloch der **Grand'Porte,** der Ziehbrücke. Im Haus des königlichen Verwalters dokumentiert das **Musée du Vieux Granville** Lokal- und Seefahrtsgeschichte (April–Sept. Mi–Mo 10–12, 14–18, Okt.–März Mi, Sa/So 14–18 Uhr). Am Westende der Altstadt steht der **Leuchtturm,** daneben das **Aquarium du Roc** mit einem skurrilen Muschelmuseum und Schmetterlingsgarten (April–Sept. 9.30–19 Uhr, Tel. 02 33 50 19 83). Von den Festungsmauern Blick übers Meer. Am Ostende der Altstadt phantastischer Ausblick über das Seebad und den Strand (Place de l'Isthme).

Musée et Jardin Christian Dior:
Villa Les Rhumbs, tgl. 10–18.30 Uhr. Die Villa und der Garten hoch über den Klippen, von wo Christian Dior als Kind auf die Îles Chausey blickte. Dauerausstellung zum Erfinder des New Look.

Sport & Strände

Strände: Sandstrand mit Uferpromenade direkt am Ort.

Thalassotherapie: Prévithal – Institut de Thalassothérapie, 3, rue Jules Michelet, Tel. 02 33 90 31 10, www.previthal.com. Meerwasserkuren gegen Stress oder für gute Laune.

Wassersport: Centre Régional du Nautisme, bd. des Amiraux, Tel. 02 33 91 22 62, www.crng.asso.fr. Segeln, Kajak, Strandsegeln.

Ausgehen

Casino: Place du Maréchal Foch, www.casino-granville.com. Der größte Vorteil: Tgl. bis 4 Uhr früh geöffnet.

La Rafale: 6, place Camberon. Einzige Bar der Haute Ville, ausgesprochen nett

Volle Segel

Seetörns mit *La Granvillaise* bietet die Association des Vieux Gréements Granvillais. Auf dem Segelschiff des 19. Jh., einem ehemaligen Fischkutter, kann man für Halbtages-, Tages und Wochenendtörns an Bord gehen (43, bd. des Amiraux, Tel. 02 33 90 07 51, www.lagranvillaise.org, Mitte April–Mitte Okt.)

Office de Tourisme: 50400 Granville, 4, cours Jonville, Tel. 02 33 91 30 03, Fax 02 33 91 30 19, www.ville-granville.fr

Auberge de Jeunesse: Bd. des Amiraux, Tel. 02 33 91 22 62, Fax 02 33 50 51 99, www.crng.asso.fr, Nov.–Feb., Jahreswende Sa/So geschl., Übernachtung 17 €/Pers. Jugendherberge in Hafennähe. Zwei- bis Vier-Personen-Zimmer, Schlafsaal.
Hôtel Michelet: 5, rue Michelet, Tel. 02 33 50 06 55, Fax 02 33 50 12 25, DZ 35–47€. Einfache, renovierte Zimmer, in Laufnähe zum Thalassotherapiezentrum. Freundlicher Empfang.
Hôtel des Bains: 19, rue Georges Clemenceau, Tel. 02 33 50 17 31, Fax 02 33 50 89 22, www.hoteldesbains-granville.com, DZ 54–72 €.
Belle-Époque-Bau, nach umfassender Renovierung in neuem Glanz. Am schönsten sind die Zimmer mit Seeblick und Balkon.

Chez Pierrot: 16, rue Clément-Desmaisons, Tel. 02 33 50 09 29, www.restaurant-chez-pierrot.fr, Menü 16–25 €.
Klassische Brasserie. Überzeugend: Die Meeresfrüchteplatte.
La Citadelle: 34, rue du Port, Tel. 02 33 50 34 10, www.restaurant-la-citadelle.com, Sept.–Juni Mi, Okt.–März Di Ruhetag, Menü 16–31 €.
Eine Ausnahme zwischen den Touristenfallen am Hafen. Maritimes Dekor, Becken mit blauen Chausey-Hummern, exzellente Fischgerichte.

Bahn: Gare SNCF, av. de la Gare. Nach Paris, Coutances, St-Lô.
Bus: STN, Tel. 02 33 50 77 89. Nach Avranches und zum Mont St-Michel.
Fähre: Hugo Express (Tel. 02 33 61 08 88), **Jolie France** (Tel. 02 33 50 31 81) oder **Corsaire** (Tel. 08 25 16 80 50) auf die Chausey-Inseln oder nach Jersey, Guernsey, Sark, Aurigny.

Ziele in der Umgebung

Îles Chausey: 17 km vor der Küste. Weltabgewandter Archipel mit 52 Inseln – zumindest bei Ebbe. Angesteuert wird die Hauptinsel **Grande Île** mit ein paar Häusern, Leuchtturm, Fort, Stränden und Vogelschutzgebiet.

Highlight 7

Le Havre (F3)

Für die einen ist die eine Viertelmillion Einwohner zählende Hafenstadt am rechten Ufer der Seine-Mündung ein Amoklauf in Beton, für die anderen das architektonische Manifest einer Epoche des Aufbruchs. Immerhin hat die UN-

ESCO die nach dem Zweiten Weltkrieg entschieden modern wiederaufgebaute Stadt 2005 auf die Liste der Weltkulturgüter gesetzt. Bei bedecktem Himmel allerdings wirkt das Grau hier noch eine Spur grauer. Trotz der lichten Wiederaufbauviertel, für die international renommierte Architekten wie Auguste Perret oder Oscar Niemeyer verantwortlich zeichneten.

Vergessen wir das Wetter: Le Havre ist ein weltoffener Hafen, eine Bastion der französischen Linken mit Partnerstädten wie Sankt-Petersburg und Southhampton. Im alten Hafen wächst zur Zeit ein neues Le Havre: Nach der Schließung der Werften 1999 entstehen in den Docks Ausgehmeilen. Mit dem Bau eines 120 m hohen Wolkenkratzers nach Plänen von Stararchitekt Jean Nouvel wurde 2006 begonnen.

Doch die wichtigste Investition in die Zukunft liegt am Wasser. ›Port 2000‹ heißt das 2001 an der Seine-Mündung begonnene Titanenwerk mit einem 4 km langen, von einem Deich geschützten Kai, an dem zeitgleich ein Dutzend Riesencontainerschiffe be- und entladen werden können.

Sehenswert

Espace Culturel Le Volcan: Mit dem stalinistisch angehauchten Rathausturm dahinter und dem großen Wasserbassin davor ist der blütenweiße, futuristische ›Vulkan‹ (im Volksmund *Joghurtbecher*) von Oscar Niemeyer (dem Erbauer von Brasilia) das Wahrzeichen der Stadt.

St-Joseph: Rue Caligny. Kirche von Auguste Perret, der den Wiederaufbau von Le Havre führend leitete. Aus nacktem Beton, 109 m hoch.

Notre-Dame: Rue de Paris. Die Kathedrale aus der Spätgotik-Renaissance wurde nach dem Krieg minutiös restauriert.

Muséum d'Histoire Naturelle:
6, Place du Vieux Marché,
tgl. außer Di 14.30–17.30, Mi, Sa, So, auch10–11.30 Uhr.
In einem Bau aus dem 17. Jh. Natur- und Frühgeschichtliches sowie Funde aus Fauna und Flora, die der erste Konservator des Hauses vor 150 Jahren von seinen Südamerika-Expeditionen mitbrachte.

Musée Malraux: 2, bd. Clemenceau, tgl. außer Di 11–18, Sa/So bis 19 Uhr.
Lichter Museumskubus von 1961, zum Hafen ausgerichtet. Bedeutende Gemäldesammlung mit Schwerpunkt auf Werken von Raoul Dufy, der 1877 in Le Havre geboren wurde (gest. 1953).

Musée de l'Ancien Havre:
1, rue Jérôme-Bellarmato,
Di–So 10–12, 14–18 Uhr.
Lokalgeschichtliche Sammlung in einem Bau des 17. Jh.

Maison de l'Armateur:
3, quai de l'Île.
Imposantes Reederpalais des 18. Jh.

Espace Maritime et Portuaire des Docks Vauban: Quai Frissard,
Di, Mi, Sa, So 14.30–18 Uhr.
Museum in situ zur Seefahrt. Mit interessanter Sammlung und dem Ozeanriesen ›France‹ am Kai.

Ste-Adresse: Badevorort im Westen, mit großbürgerlichen Villen von 1900, Fort und Aussichtspunkt über die Felsküste des Pays de Caux (Rue du Président Felix Faure). Noch heute heißt das

Bücher & Snacks

Die trendige **Librairie La Galerne** ist nicht nur Buchhandlung, sondern zugleich ein beliebter Treffpunkt. An der Bar gibt es Kleinigkeiten zu essen, Tee, Drinks. Früher wurde der Raum als Kino genutzt (148, rue Victor Hugo).

Viertel *Le Nice Havrais*– das Nizza von Le Havre.

Sport & Strände

Fahrradverleih: Vélocéane, Tel. 02 35 43 46 00. Mitte Juli–Mitte Aug. Mi–So am Strand, sonst beim Rathaus.

Strände: Langer Sandstrand vor der Stadt, mit beheiztem Freibad. Gute Surf- und Funboardmöglichkeiten.

Office de Tourisme: 76600 Le Havre, 186, bd. Clemenceau, Tel. 02 32 74 04 04, Fax 02 35 42 38 39, www.lehavretourisme.com.

Le Vent d'Ouest: 4, rue Caligny, Tel. 02 35 42 50 69, Fax 02 35 42 58 00, www.ventdouest.fr. DZ 80–105 €.

Eine echte Trouvaille: Zentral, mit Blick auf die Kirche St-Joseph. Großzügig und mit viel Liebe eingerichtete Zimmer.

Café Musée Malraux: 11–18, Sa/So bis 19 Uhr, Di Ruhetag.

Kleine Leckereien (ab 7 €) oder nur für einen Kaffee, allein wegen des unvergesslichen Ausblicks auf Hafen und See.

La Petite Auberge: 32, rue Ste-Adresse, Tel. 02 35 46 27 32, Sa mittags, So abends/Mo Ruhetag, drei Wochen im Aug. geschl., Menü 20–40 €.

Ein normannisches Gasthaus, etwas hinter dem Strandboulevard. Regionalküche in frischer Interpretation.

La Petite Brocante: 75, rue Louis Brindeau, Tel. 02 35 21 42 20, So Ruhetag, drei Wochen im Aug.

geschl., Menü 23 €.
Freundliches Bistro, mit hübsch platziertem Trödel. Herzlicher Service, zünftige Küche: *Andouillette* vom Fisch, Austern,

Bahn: Gare SNCF, cours de la République. Direktzüge nach Rouen, Paris.
Bus: Neben dem Bahnhof. Nach Rouen, ins Seine-Tal, nach Honfleur, Trouville, Caen.
Fähre: P&O, Terminal de la Citadelle, Tel. 0803 013 013, www.poferries.fr. Nach Portsmouth.

Ziele in der Umgebung

Abbaye de Montivilliers:
3 km nördl., April–Sept. Mo–Fr 10–18, Sa/So 14–18, Okt.–März Di–Fr 10–17, Sa/So 14–18 Uhr, www.ville-montivilliers.fr.
Benediktinerinnenkloster aus dem 11. Jh. mit reichem Bauschmuck. Im Garten wird die Ausstellung ›Cœur d'Abbayes‹ gezeigt, deren Thema die Abteien der Normandie sind.

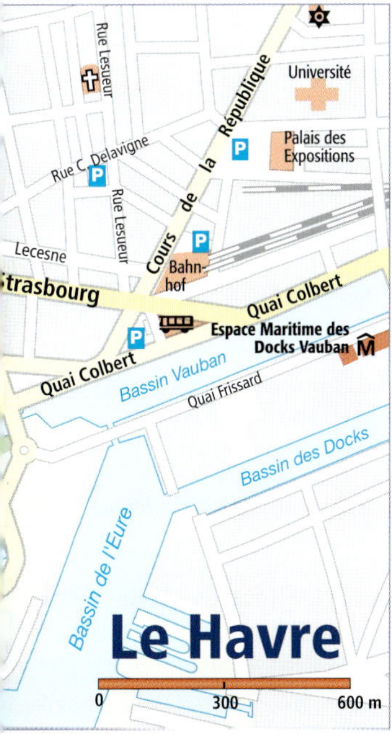

8 Highlight

Honfleur (F3)

Honfleur (15 000 Einwohner), der schönste Hafen der Normandie, die Perle der Côte Fleurie, die Künstlerkolonie, die so verschiedene Genies wie den Maler Boudin, den Komponisten Satie, den Historiker Sorel hervorgebracht hat. Ja doch! Lang sind die Lobeshymnen auf Honfleur. Vor allem betuchte Pariser, die hier ihr Zweitdomizil unterhalten, stimmen sie an. Genau so stimmgewaltig wetterten sie 1995 gegen den Pont de Normandie: Schließlich fürchtete man, dass die neue Brücke über die Seine-Mündung die proletarischen Massen aus Le Havre anlocken könnte. Gemach! Honfleur blieb eine Adresse der *happy few*. Dafür sorgt schon das Preisniveau.

Sehenswert

Vieux Bassin: Das alte Hafenbecken, im 17. Jh. auf Befehl Ludwigs XIV. gebaut, säumen hochgeschossene, von Schiefer bedeckte Fassaden und viele Cafés (s. Abb. S.38/39). Zur Seeseite wacht die **Lieutenance** (16.Jh.), der ehemalige Sitz des königlichen Statthalters, erkennbar an den Ecktürmchen. Der massive **Grenier à Sel** (Salzspeicher, 17. Jh.) am Quai de la Tour dient heute als Ausstellungsraum. Am Quai St-Etienne birgt die Kirche St-Etienne das **Musée de la Marine** mit einer Sammlung zur lokalen Seefahrtsgeschichte.

Elegant überspannt der Pont de Normandie die Seine-Mündung

Ste-Cathérine: 10–12, 14–18 Uhr. Zweischiffige, aus Holz erbaute Kirche (15. Jh.). Separater Kirchturm, mit Holzschindeln bedeckte Fassade.
Maisons Satie: 67, bd. Charles-V, Sommer Mi–Mo 10–19, Winter Mi–Mo 11–18 Uhr. Geburtshaus von Éric Satie (1866–1925) mit sinnenfreudigen Installationen zum Werk des Komponisten.
Musée Eugène-Boudin: Mitte März–Sept. Mi–Mo 10–12, 14–18, sonst 14.30–17, Sa/So auch 10–12 Uhr, Mitte Jan.–Mitte Feb. geschl. Museum zu Ehren des ›Meisters des Himmels‹ und seiner Impressionistenfreunde Monet und Courbet. 91 Werke von Boudin, zwei von Monet, eines von Courbet.
Musée d'Art populaire: Rue de la Prison, April–Sept. Di–So 10–12, 14–18.30, sonst 14.30–17.30, Sa/So auch 10–12 Uhr, Mitte Nov.–Mitte Feb. geschl. Volkskundemuseum mit herausragender Sammlung normannischer Möbel, Fayencen, Trachten.

Sport & Strände

Strände: Plage du Butin (Sand), am westl. Ortsrand. Plage de Vasouy, etwas weiter, unterhalb der Côte de Grâce.

Einkaufen

Marianik's: 35, rue du Dauphin, www.marianiks.com. 32 Sorten Schokolade, 18 verschiedene *bouchées* (Schokoladenspezialität), Pralinen.
Markt: Sa, place de l'Église, mit erstklassigen Produkten. Mi Bio-Markt. Flohmarkt jeden 2. So im Monat.

Feste & Unterhaltung

Fêtes de la Mer: Pfingsten, Prozession und blumengeschmückte Schiffe.
Fête de la Crevette: Ende Sept., Fest der Krabbenfischer. Mit alten Fischerbooten im Hafen und Verköstigung.

Office de Tourisme: 14600 Honfleur, Quai Lepaulmier, Tel. 02 31 89 23 30, Fax 02 31 89 31 82, www.ot-honfleur.fr.

Hôtel de l'Ecrin: 19, rue Eugène-Boudin, Tel. 02 31 14 43 45, Fax 02 31 89 24 41, www.honfleur.com, DZ 90–160 €. Second-Empire-Villa mit Garten und Veranda, zentraler Salon, Rezeption mit delirierendem Stuck, Lüster, Kamin. Sehr unterschiedliche Zimmer.

Les Maisons de Léa: Place Ste-Cathérine, Tel. 02 31 14 49 49, Fax 02 31 89 28 61, www.lesmaisonsdelea.com, Jan.–Mitte Feb. nur am Wochenende. DZ 95–170 €. Von wildem Wein berankte Steinfassade neben der Kirche Ste-Cathérine. Gepflegte Zimmer, zum Teil kürzlich renoviert.

L'Absinthe: 1, rue de la Ville, Tel. 02 31 89 39 00, Fax 02 31 89 53 60, www.absinthe.fr, Mitte Nov.–Mitte Dez. geschl., DZ 98–129 €. Ehemaliges Pfarrhaus (16. Jh.) in Hafennähe, aber auch im touristischen Epizentrum. Die Zimmer nach hinten sind am ruhigsten.

La Terrasse et l'Assiette: 8, place Ste-Cathérine, Tel. 02 31 89 31 33, Di abends/Mi Ruhetag außer Juli/Aug., Mitte Nov.–Mitte Dez. geschl., Menü 28–48 €. Bistro mit außergewöhnlich gutem Preis-Leistungs-Verhältnis. Gemütlicher Speisesaal, Terrasse zum Platz.

L'Absinthe: 10, quai Quarantaine (s. a. unter Unterkunft), Tel. 02 31 89 39 00, Mitte Nov.–Mitte Dez. geschl., Menü 29–58 €. Nobel-rustikales Ambiente in einem Bau aus dem 17. Jh. Experimentierfreudige, dabei geschmackssichere Küche.

Bus: Les Bus Verts, Tel. 0810 214 214, www.busverts14.fr. Verbindungen in die Nachbarorte.

Maut: Pont de Normandie 5 € einfache Fahrt bzw. 7,60 € mit Rückfahrt.

Ziele in der Umgebung

Côte de Grâce: Im Westen. Hügelkante oberhalb der Küste mit Panoramastraße bis Trouville (15 km). Romanische Wehrkirche in Criqueboeuf.

Houlgate (E4)

Der Eckdom des ehemaligen Grand Hôtel könnte mit dem des Kaufhauses Printemps in Paris mithalten. Wie die meisten Hoteldinosaurier der Belle Époque ist freilich auch dieses Haus längst

Wunderwerk der Technik

1995 wurde der elegante **Pont de Normandie** über die Seine-Mündung eröffnet, wegen seiner Seilverspannung ›Harfe der Mündung‹ genannt. Von der Brücke ergeben sich spektakuläre Blicke über die Seine-Mündung hinaus aufs Meer (Tipp: Brückennutzung für Fußgänger kostenlos). Im **Jardin des Ingénieurs** und in einem Austellungspavillon am rechten Flussufer neben der Mautstelle werden anhand von Fotos und eines Films Geschichte und Technik des Bauwerks erklärt. Ebenfalls zu bestaunen ist die mit 8,50 m kleinste Hängebrücke der Welt, quasi ein Modell des Pont de Normandie (8–19 Uhr, www.sequana-normandie.com/normandie.htm).

in sündhaft teure Eigentumswohnungen unterteilt worden. Ansonsten ist in Houlgate (2000 Einwohner) alles beim Alten geblieben: Die stolzen alten Villen an der Uferpromenade und den Straßen dahinter gehören seit Generationen denselben Familien, die Terrasse des Casinos brummt, und das Leben ist ein langer feiner Sandstrand.

Sehenswert

Villen: Die schönsten Beispiele normannischer Bäderarchitektur stehen in der rue Henri-Dobert, an der rue des Bains und der avenue du Sporting.
Panorama: Blick über die Küste von der kleinen Landstraße nach Auberville, Villers (D 163, Orientierungstafel).
Falaises des Vaches Noires: Bei Ebbe kann man über den Strand in Richtung der 120 m hohen, dunklen Klippen von Auberville spazieren (ca. 1 Std.).

Sport & Strände

Strände: Sandstrand vor dem Ort. Bei schlechtem Wetter: Ab ins Strandbad (nur im Sommer geöffnet)!

Office de Tourisme: 14510 Houlgate, 10, bd. des Belges, Tel. 02 31 24 24 79, Fax 02 31 24 42 27, www.ville-houlgate.fr.

Mon Castel: Bd. des Belges, Tel. 02 31 24 83 47, Fax 02 31 28 50 36, Mitte Feb.–Mitte Nov., DZ 42 €.
Schlichte, kleine Zimmer in einer typischen Bädervilla der 1870er Jahre, netter Empfang.
Hôtel 1900: 17, rue des Bains, Tel. 02 31 28 77 77, Fax 02 31 24 42 27, www.hotel-1900.fr, Mitte Nov.–Anfang Dez., die letzten drei Wochen im Jan. geschl., DZ 42–92 €, Menü 19–46 €.
Seit 1850! Renovierte Zimmer im Stil der Belle Époque. Wegen der zentralen Lage nach vorn etwas laut. Elegantes Bistro im Retro-Design.
Le Camping de la Plage: 59, rue Henri-Dobert, Tel./Fax 02 31 28 73 07, April–Sept., zwei Personen plus Zelt 14 €.
Direkt am Strand und in Fußnähe zum Ortszentrum. Nur 60 Plätze!

Mon Castel: Siehe Unterkunft, Di abends/Mi Ruhetag, im Winter Mo, Do, So abends, Menü ab 19 €.
Der Patron steht in der Küche, seine Gattin am Empfang. So lautet die Devise, die ein anständiges Mahl ergibt.

Bahn: Gare SNCF, av. de la Gare. 3 x tgl. nach Paris.

Ziele in der Umgebung

Dives-sur-Mer: 2,5 km südwestl. Der Ort liegt entgegen seines Namens nicht direkt am Meer. Sehenswert sind die **Markthallen** (14./15. Jh.) und die romanische Kirche **Notre Dame** (11.Jh.).

Lisieux (F4)

Bienvenue bei der ›kleinen Heiligen‹, alias Thérèse Martin, geboren 1873 in Alençon, gestorben mit 24 Jahren als Karmeliterin in Lisieux, heilig gesprochen 1923. Ein Kind noch, zog das Mädchen ins Karmeliterinnenkloster von Lisieux, die Stadt im Herzen des Pays d'Auge. Und lebte fortan sehr fromm, verehrt von einer wachsenden Schar (s. S. 16). Im Zweiten Weltkrieg fast restlos zerstört, erstand Lisieux (23 000 Einwohner) dank des vehementen Kults um die hl. Thérèse schnell neu. Man lebt nicht schlecht als Pilgerstadt. Ansonsten alles Käse: Gleich drei berühmte Käse der Normandie stammen aus der Umgebung von Lisieux.

Sehenswert

Les Buissonnets: Chemin des Buissonnets, Mitte April–Ende Sept. 9–12, 14–18, sonst 10–12, 14–16/17 Uhr. Mitte Dez.–Mitte Jan. geschl.
Rosafarbenes Ziegelhaus, in dem Thérèse von 1877 an ihre Kindheit verbrachte. Familienerbstücke auf zwei Etagen.
Le Carmel: 37, rue du Carmel, nur Kirche zugänglich, 7.15–19 Uhr.
Die Kirche des Karmeliterinnenklosters (1838) birgt den Reliquienschrein mit den sterblichen Überresten der Heiligen.
Diorama: 39, av. du 6-Juin, April–Okt Mo–Sa 9.30–12, 13.30–18.30, So 14–18 Uhr.
In der ehemaligen Benediktinerabtei Wachsfigurenkabinett mit Szenen aus dem Leben der hl. Thérèse.
Basilique: Av. Ste-Thérèse, 8.30–20, Winter 9–18 Uhr.1929 unter Papst Pius X. begonnene neobyzanthinisch-romanische Kirche in gewaltigen Ausmaßen. Reicher Mosaikschmuck.

Feste & Unterhaltung

Grandes Fêtes Thérésiennes: Sept., s. S. 19.

Office de Tourisme: 14100 Lisieux, 11, rue d'Alençon, Tel. 02 31 48 18 10, Fax 02 31 48 18 11, www.lisieux-tourisme.com.

Grand Hôtel de L'Espérance: 16, bd. Ste-Anne, Tel. 02 31 62 17 53, Fax 02 31 62 34 00, www.lisieux-hotel.com, Mitte April–Mitte Okt., DZ 69–107 €.
Großer Kasten der 1930er Jahre im normannischen Retrostil, geräumige Zimmer.

Aux Acacias: 13, rue de la Résistance, Tel. 02 31 62 10 95, So abends/Mo Ruhetag, Nov.–März auch Do., Menü 16–55 €.
Restaurant wie aus einem Monet-Gemälde, ganz in der Nähe der futuristischen Mediathek. Raffiniert: frische Gänseleber aus der Pfanne, Pilzflan mit karamelisierten Endivien.
La Ferme du Roy: 122, bd. Herbert Fournet (2 km nördl.), Tel. 02 31 31 33 98, So abends/Mo Ruhetag, Menü 21–53 €.
Fachwerkgehöft mit rustikalem Chic und normannischer Küche mit Niveau.

Bahn: Gare SNCF, Tel. 08 36 35 35 35. Nach Bernay, Rouen.
Bus: Les Bus Verts, place F. Mitterrand, Tel. 0810 214 214, www.busverts14.fr. U. a. nach Deauville, Honfleur.

Ziele in der Umgebung:

La Route des Fromages: Die Käseroute führt zu den vier wichtigsten Käseorten der Normandie. In **Pont-l'Évêque** (17 km nördl.) erklärt ein Diorama die Herstellung des gleichnamigen Käses. In **Livarot** (11 km südl.), in dessen Umkreis zauberhafte Fachwerkherrenhäuser liegen, lädt die Käserei Graindorge zur Besichtigung ein. Das Wiederaufbaustädtchen **Vimoutiers** (18 km südl.) hat Marie Harel, die den Camembert erfunden hat, ein Denkmal gesetzt und ein Camembert-Museum eingerichtet. **Camembert** (27 km südl.), die letzte Etappe an der Route des Fromages, ist ein bukolisches Wiesendorf mit der Schaukäserei des Großproduzenten Président.

9

Highlight

Mont St-Michel (B6)

Majestätisch erhebt sich der Abteiberg des hl. Michael über Poldern und Salzwiesen, auf denen Schafe grasen. Möglich machte das Wunder eine Sturmflut zu Beginn des 8. Jh., bei der die Landverbindung des 80 m hohen Granitkegels weggespült wurde. Bischof Aubert soll im nahen Avranches zur Zeit der besagten Sturmflut dreimal der Erzengel Michael erschienen sein. Dessen Auftrag war deutlich. Ein Oratorium solle auf dem Fels errichtet werden. Aus der Kultstätte für den hl. Michael erwuchsen im Laufe der Jahrhunderte Stein auf Stein das Kloster, die Abteikirche sowie das Dorf (50 Einwohner). Ein Deich ermöglicht seit 1877 trockenen Fußes auf die Gottesburg zu gelangen. Doch der Deich trägt zur Verpolderung der Bucht bei – das Wunderwerk verwächst mit der Küste. Nun wird Abhilfe geschaffen: Der Deich kommt weg, eine Brücke soll ab 2009 den Zugang ermöglichen.

Sehenswert

Klosterberg: Zunächst muss jeder Besucher die **Porte de l'Avancée** passieren. Dahinter öffnet sich die **Cour de l'Avancée.** Die beiden Kanonen im Hof haben Engländer auf der Flucht 1434 zurückgelassen. Es folgen die **Porte du Boulevard** und der zweite Mauerring, schließlich die **Porte du Roi,** deren Wohnbau heute als Rathaus dient. Die fachwerkgesäumte **Grande Rue** steigt zur Abtei an. **St-Pierre,** die im 11. Jh. erbaute Pfarrkirche, liegt noch außerhalb des Klosters.

Kloster: Mai–Aug. 9–19, Sept.–April 9.30–18 Uhr, letzter Einlass eine Std. vor Schließung; nächtliche Besichtigung, Juli/Aug. Mo–Sa 19–22.30 Uhr, abbaye.mont-saint-michel@monum.fr.
Am Eingang des Klosters beträgt der Höhenunterschied zum Meeresspiegel bereits 50 m. Eine steile Treppe, **Le Gouffre,** führt weiter nach oben: Zunächst zum **Châtelet,** einem ungeschlachten Verteidigungsbau aus dem 14. Jh. in graurosafarbenem Granit. Dann zur **Salle des Gardes,** nach der es nur gegen Eintritt weitergeht. Noch warten mit den **Logis Abbatiaux** die ehemaligen Wohntrakte der Äbte im Süden und **La Merveille,** ein 1211 errichteter gotischer Bau mit sechs Sälen auf drei Etagen im Nordosten. Beeindruckendster Teil der Merveille sind das Refektorium und der elegante, reich verzierte gotische Kreuzgang.

Die **Abteikirche**, auf deren Turm die vergoldete Statue des hl. Michael mit dem Drachen prunkt, bildet den in des Wortes wahrstem Sinne krönenden Abschluss des Klosterbergs. Vom Vorplatz der Kirche hat man einen schönen Ausblick. Bis 1780 reichte die Abteikirche bis auf den Vorplatz. Nach dem Teilabriss des 1080 errichteten Gotteshauses erhielt der Restbau eine neue Fassade. Von der neuzeitlichen Schauseite sollte man sich daher nicht über das wahre Alter der Kirche täuschen lassen. Das im Kern romanische Gotteshaus thront auf Krypten, die zum Teil aus dem 10. Jh. stammen, mithin karolingisch sind.

Remparts: Ein Rundgang führt über die Stadtmauern, immer im Blick ist dabei die Bucht.

Mont St-Michel – majestätisch erhebt sich der Abteiberg über Poldern und Salzwiesen

Sport & Strände

Radfahren: Zwölf ausgeschilderte Touren rund um die Bucht (Info beim Office de Tourisme).

Wandern: Fernwanderweg um die Bucht (GR 223 im Osten, GR 34 im Westen). Pilgerwege, s. S. 29.

Feste & Unterhaltung

Fêtes de la St-Michel: Anfang Mai und Ende Sept., Folklore, Messe.

Pélerinage des Grèves: Ende Juli, Pilgerzug ab der Pont de Genêts (s. S. 19)

St-Michel-Marathon: Juni, www.montsaintmichel-marathon.com.

Office de Tourisme: 50116 Mont St-Michel, am Zugang zum Klosterberg, Tel. 02 33 60 14 30, www.ot-montsaintmichel.com.

Auberge St-Pierre: Grande Rue, Tel. 02 33 60 14 03, Fax 02 33 48 59 82, www.auberge-saint-pierre.fr, Jan. geschl., DZ 98–125 €.
Das schönste Hotel auf dem Klosterberg, einige Zimmer im Nebentrakt mit Seeblick.

La Mère Poulard: Grande Rue, Tel. 02 33 60 14 01, www.mere-poulard.com, Menu 35–75 €.
Die Tische sind wegen der berühmten Omelettes immer gut besetzt.

Bus: Les Courriers Bretons, Tel. 02 99 19 70 80, www.lescourriersbretons.com. Busse zu den Bahnhöfen Folligny bzw. Pontorson.

Ziele in der Umgebung

Maison de la Baie du Mont St-Michel: Courtils (9 km östl.), route de la Roche Torin, April/Mai 14–18, Juni, Sept. 10–18, Juli/Aug. 10–19 Uhr, in der Nebensaison zu erfragen unter Tel. 02 33 89 66 00.
Geschichte und Geologie des Mont St-Michel. Ein Audioguide erleichert den Spaziergang über den Parcours. Von der Aussichtsplattform schaut man über die Bucht, durch die bei Ebbe Führungen angeboten werden. Wer die Ufer der Baie du Mont St-Michel auf eigene Faust erkunden möchte, folge der Ausschilderung ›Route de la Baie‹ (braune Schilder). Am Weg: Salzwiesen, Pilgerkreuze, Zöllnerhäuschen, Menhire, Dünen, Reusen.

Mortagne-au-Perche (G7)

Der Glanz des Ancien Régime strahlt dank zahlreicher Palais noch immer über das Ackerbürgerstädtchen (4500 Einwohner). Im 18. Jh. war Mortagne-au-Perche wegen der Nähe zu Paris ein beliebter Alterssitz hoher Regierungsbeamter. Der im Stadtbild auffällige, helle Stein stammt aus nahen Steinbrücken und kündigt den Übergang zur Nachbarregion Loire-Atlantique an. Geld wurde in Mortagne-au-Perche früher mit Getreide verdient: Daran erinnert die ehemalige Kornhalle mitten im Ort, in der heute ein Kino und das Office de Tourisme untergekommen sind. Ganz wichtig: Mortagne-au-Perche behauptet sich stolz als Hauptstadt des *boudin noir,* einer Blutwurst, die mit Bratkartoffeln und Äpfeln gegessen wird.

Sehenswert

Circuit du Patrimoine: Ein Rundweg nach Nummern führt zu den wichtigsten Palais und Baudenkmälern, darunter die gotische **Krypta St-André** und die spätgotische Pfarrkirche **Notre-Dame** (illustrierter Plan beim Office de Tourisme).

Musée percheron: Porte St-Denis, Mitte Juni–Mitte Sept. Di–So 15–18 Uhr. Museum zur Regionalgeschichte im Renaissance-Stadttor.

Feste & Unterhaltung

Perche – Terre de Légendes: *Son et Lumière* im Château de Feugerêts (20 km südl., s. S. 20).

Office de Tourisme: 61400 Mortagne-au-Perche, Halle aux Grains, Tel. 02 33 85 11 18, Fax 02 33 83 76 76, http//: perso.orange.fr/officemortagne61/

Ziele in der Umgebung

Parc Naturel Régional du Perche: Sitz des Naturparks ist der Manoir de Courboyer bei Nocé (21 km südl.). Im denkmalgeschützten Anwesen (15./16. Jh.) Infos über Wanderungen und Ausritte auf Kaltblütern der Percheron-Rasse (www.le-perche.org).

Aigle: 30 km nördl. Berühmt ist der Dienstagsmarkt – der drittgrößte Frankreichs, wozu auch ein Viehmarkt mit bis zu 1000 Schafen, Schweinen oder Rindern zählt (www.paysdelaigle.com).

Kaufmannsladen

Im Dorf Lignerolles (7 km nördl. von Mortagnes) hat Pierre Marzorati einen ehemaligen Gasthof zum **Musée de L'Épicerie d'Autrefois** umgewandelt. Zu sehen sind in den zehn Räumen ein Metzgerladen, ein Bistro, eine Tankstelle, ein Friseursalon und natürlich ein Tante Emma-Laden aus der ›guten, alten Zeit‹ (Sa/So 14–18, Juni–Aug. auch Do/Fr).

Portbail (A4)

Portbail (300 Einwohner) liegt fernab aller Touristenrouten. Der Weg an dieses Ende der Welt aber lohnt: Das proppere Dorf an der Mündung der Ollonde ist eine der schönsten Entdeckungen an der Cotentin-Küste. Die wehrhafte romanische Kirche Notre-Dame hat ihre originalen, schlichten Kapitelle bewahren können. Auch in Punkto Natur hat Portbail Außergewöhnliches zu bieten: Im Mündungsbereich der Ollonde breiten sich bis ans Meer Sümpfe und Salzwiesen aus, die zu einem Spaziergang einladen.

Sehenswert

Baptistère: Juli/Aug. 10–12, 15–18 Uhr. Hinter dem Rathaus wartet mit dem frühchristlichen Baptisterium eine echte Überraschung: Das achteckige Taufbecken stammt aus dem 5. Jh.!

Sport & Strände

Strandsegeln: École du Vent en Côte des Isles, Tel. 02 33 10 10 96. Auch Kajak, Kanu, Surfen, Segeln.

Einkaufen

Markt: Di, Bauernmarkt und Stände mit Schnickschnack jeder Art. Im Sommer trubelig.

Office de Tourisme: 50270 Portbail, 26, rue Philippe Lebel, Tel. 02 33 04 03 07, Fax 02 33 04 94 66, www.portbail.org.

Hotel Les Pléiades: Place Edmond-Laquaine,

Tel. 02 33 04 84 18, Fax 02 33 93 09 61, Jan. geschl., DZ 28–45 €.
Die jungen Neubesitzer sind freundlich und engagiert, die Zimmer schlicht und sauber. Zwölf wurden mittlerweile renoviert. Einfaches Restaurant (Mo Ruhetag), Menü 10–22 €.

Manoir de Caillemont: St-Georges-de-la-Rivière (8 km nördl.), Tel./Fax 02 33 53 25 66, www.manoircaillemont.com, DZ 63–80 €.
Zimmer, Suiten und Apartments in einem Manoir aus dem 17. Jh. mit Pool.

Fähren: Hugo Express, Tel. 02 33 01 10 12. Mai–Sept. nach Jersey, Guernsey.

Ziele in der Umgebung

Le Train de la Côte des Isles: Juli/Aug., Sonderfahrten auf Anfrage ganzjährig. Reservierung und Auskunft erteilt Le Clos St-Jean, St-Jean-de-la-Rivière, Tel. 02 33 04 70 08.
Bimmelbähnchen aus den 1930er Jahren, das im Hochsommer an zwei Tagen der Woche Portbail mit Barneville-Carteret verbindet. Der ›Inselküstenzug‹ schunkelt via St-Georges-la-Rivière durch Dünen und Felder.

Port-en-Bessin (D4)

Von seiner Anhöhe bewacht der von Vauban errichtete Festungsturm den Hafen. Unten an den Kais werden Jakobsmuscheln an Land gebracht, die das Renommee des wichtigsten Hafens im Bessin ausmachen (2400 Einwohner). Einen Strand gibt es nicht, dafür herrliche Wanderwege über die Steilklippen und ein authentisches Fischerstädtchen, das das ganze Jahr über lebt.

Sehenswert

Tour Vauban: Wachturm (17. Jh.) oberhalb des Hafens.

Musée des Epaves Sous-Marines du Débarquement: Route de Bayeux, Juni–Sept. tgl. 10–12, 14–18 Uhr, Mai am Wochenende.
Aus dem Meer geborgene Kriegshinterlassensschaften, s. Tour 2, S. 111.

Sport & Strände

Golf: Golf Club Omaha Beach, Tel. 02 31 22 12 12, www.omahabeachgolfclub.com. Der 27-Loch-Parcours im Ortsteil Huppain reicht bis ans Meer.

Strände: Immenser Sandstrand in Vierville-sur-Mer (12 km westl.).

Wandern: Küstenwanderweg GR 223 nach Arromanches: Nur für Schwindelfreie!

Feste & Unterhaltung

Mariä Himmelfahrt: 15. Aug. alle drei Jahre (nächster Termin 2008), Segnung des Meeres (s. S. 19).

Office de Tourisme: 14520 Port-en-Bessin, Quai Baron Gérard, Tel. 02 31 22 45 80, Fax 02 31 51 28 29, www.bayeux-tourism.com.

Manoir du Quesnay: Mandeville-en-Bessin (14 km südwestl.), Tel. 02 31 22 57 17, Fax 02 31 22 39 03, Mitte März–Okt., DZ 100–110 €.
Zu Gast bei den Fourcade, uraltem normannischem Adel: *Chambres d'hôtes* auf einem Gutshof in ländlich stiller Lage. Geräumige, komfortable Zimmer mit handverlesenen Antiquitäten.

La Chenevière: Commes (2 km südl.), Tel. 02 31 51 25 25, Fax 02 31 51 25 20, www.lacheneviere.fr, DZ ab 220 €.

Vornehmes Herrenhaus des 19. Jh. mit luxuriösen Zimmern. Kostbar möblierte Salons, Park. Ein Hideaway der *happy few!*

Le Vauban: 6, rue du Nord, Tel. 02 31 21 74 83, www.restaurant-levauban.com, Di abends/Mi Ruhetag, 13–29 €. Nicht direkt am Hafen, aber nur zwei Schritte entfernt der beste Tisch am Ort, zwei kleine Säle. Auf der Karte z. B. Rochen in Buttersauce mit Speck, Kalbsschnittzel in Roquefort-Sauce, Meeresfrüchteteller – stets gut.

10

Highlight

Rouen (H3)

Wer über eine der fünf Seine-Brücken nach Rouen (390 000 Einwohner) kommt, hat vielleicht so seine Zweifel, ob die Entscheidung für die Hauptstadt der Normandie richtig war. Banale Nachkriegsbauten reihen sich am rechten Ufer. Aber dann fädelt man sich unversehens in eine Fachwerkzeile ein, steht auf einem lauschigen Platz und irgendwann vor der grandiosen Kathedrale. Rouen ist eine der schönsten Überraschungen einer Normandiereise. Es heißt, die Bürger seien erzkonservativ, bürgerlich bis in die Knochen. Stimmt! Dem lebendigen Straßentreiben tut es keinen Abbruch, denn die 1966 gegründete Universität hat den Drang der Jugend nach Paris gestoppt.

Über den Dächern krächzen Möwen. Rouen ist trotz der Entfernung zur Küste eine alte Hafenstadt. Große Frachter können die Seine bis vor die Stadt hochfahren. Und nicht zu vergessen: In Rouen wurdeJeanne d'Arc der Prozess gemacht, hier stieg sie 1431 auf den Scheiterhaufen.

Impressionistische Lichtspiele

An Sommerabenden leuchtet die Kathedrale von Rouen: **Les Vibrations de la Couleur** heißt das Lichtspektakel auf dem Steingebirge, das mit Anspielungen an Monets Bilder arbeitet (Mitte Juni–Mitte Sept. ab Sonnenuntergang).

Sehenswert

Notre-Dame: Tgl. 8–18 Uhr, Chor 10.30 Uhr bis Sonnenuntergang, beide Mo erst ab 14 Uhr. Im Sommer tgl. 15 Uhr Führungen.
Claude Monet hat das filigrane gotische Westwerk der Kathedrale etliche Male variiert. Die Paradeseite beginnt links mit der frühgotischen **Tour St-Romain.** Über den drei **Portalen** in der Mitte der kostbare Tympanon, große Fensterrosette, reicher Statuenschatz. Rechts die **Tour de Beurre** – angeblich aus Geldern bezahlt, die die Bürger dem König für das Privileg des Butterkonsums während der Fastenzeit zahlten. Innen die Liegefiguren von Richard Löwenherz und Rollo, erster Herzog der Normandie sowie mittelalterliche Glasfenster. Schöner Blick auf den gusseisernen Vierungsturm (1884) von der Cour d'Albane (Zugang rue St-Romain).

Bureau des Finances: Im Renaissancebau (Medaillons, Putti, Grotesken) gegenüber der Kathedrale residiert heute das Office de Tourisme.

Fachwerkhäuser: Von einst 5000 sind über 2000 erhalten. Die Schönsten stehen in der rue St-Romain (Nr. 9/11, 74, beide Ende 14./Beginn 15. Jh.), inklusive einiger Stichgassen (rue des Chainones) und mittelalterlicher Höfe (cour des Librairies), in der rue Damiet-

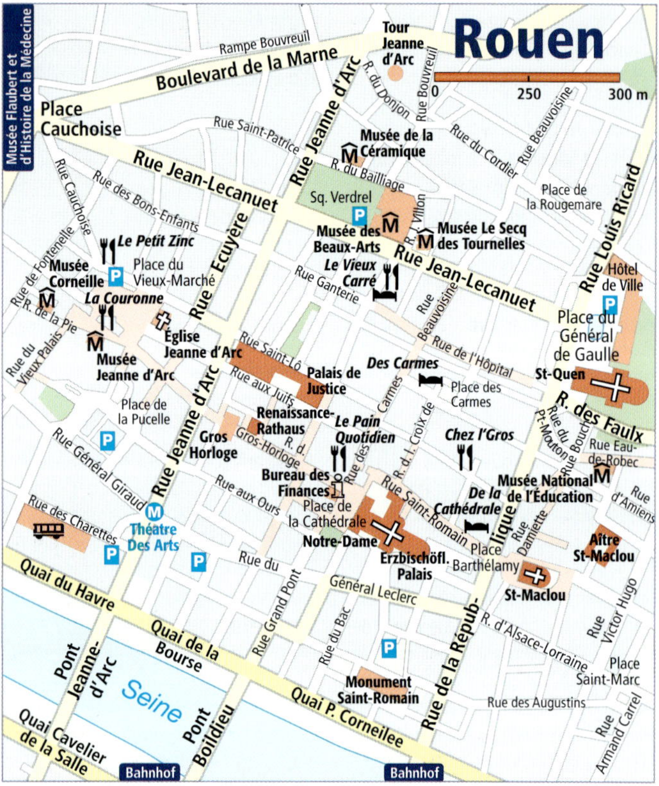

te (17./18. Jh.) und in der rue Martainville. Das älteste Haus der Stadt in der rue du Petit Mouton bewohnte drei Jahre lang Simone de Beauvoir als sie als Lehrerin in Rouen arbeitete.

St-Maclou: Mo–Sa 10–17, So 10.30–17.30 Uhr.
Gotische Pfarrkirche mit im Halbkreis auswölbender Westfassade. Holztüren mit reichem Schnitzwerk auf der Nordseite (Renaissance).

Aître St-Maclou: Der Friedhof mit Fachwerkgalerien (1526–1533) wurde ursprünglich für die Opfer der Schwarzen Pest von 1348 angelegt. Verstümmelter *danse macabre* an den Wänden – tanzende Skelette mit weltlichen und kirchlichen Würdenträgern. Heute Kunsthochschule.

Musée National de l'Education: 185, rue Eau-de-Robec, Mo, Mi–Fr 10–12.30, 13.30–18, Sa/So 14–18 Uhr.
Die Geschichte von Erziehung und Schule seit dem 16. Jh. Spiele, Bilder, Klassenräume, Unterrichtsmaterial.

St-Quen: Mitte März–Okt. Di–Sa 10–12.15, 14–18, So ab 9 Uhr, sonst nur Di, Sa/So 10–12, 14–17 Uhr.
Benediktinerabtei mit Kirche (gotisch-spätgotisch) und Resten des barocken Klosters, heute Rathaus.

Musée des Beaux-Arts: Square Verdrel, Mi–So 10–18 Uhr, www.musees-rouen.com.

Gemälde von Caravaggio, Velasquez, Delacroix, Géricault, Monet, Sisley in großzügigem, lichtem Rahmen. Skulpturengarten.

Musée de la Céramique: 1, rue Faucon, Mi–Mo 10–13, 14–18 Uhr. Reiche Sammlung lokaler Fayencen sowie Stücke aus Delft, Nevers, Moustiers.

Le Gros Horloge: Torbogen neben dem gotischen Belfried, der die Stadtglocken hütet. Auf der Ostseite Renaissance-Uhrwerk mit von Figuren und Symbolen besetztem Schaublatt. Nach der Laserreinigung wieder sichtbar die 50 Schafe im Torbogen und an den Fronten – Symbol des Reichtums der Wollweberstadt Rouen. An den Bogen auf der Westseite gebaut das **Haus des Verwalters** (16.–17. Jh.), daneben ein prächtiger **Rokokobrunnen.** Gegenüber die **Maison Henri IV.** (17. Jh.) und ein auskragender Fachwerkbau (um 1500). Auf der Boutiquenmeile der Rue du Gros Horloge steht das alte **Rathaus** (Nr. 60/66).

Place du Vieux-Marché: Auf dem Platz, wo Jeanne d'Arc am 30. Mai 1431 den Feuertod starb, springt die **Église Jeanne d'Arc** ins Auge. Der futuriristische Bau (1979, Fenster 16. Jh. aus der zerstörten St-Vincent-Kirche) wirkt wie eine Sprungschanze in die Seligkeit. Integriert in die Konstruktion sind die **Markthallen.** Auf der Westseite des Platzes **Jeanne d'Arc-Gedenkstätte,** auf der Südseite im Boden sichtbar die Fundamente der zerstörten Kirche St-Sauveur.

Musée Flaubert et d'Histoire de la Médecine: 51, rue de Lecat, Di 10–18, Mi–Sa 10–12, 14–18 Uhr. Geburtszimmer und Erinnerungsstücke von Flaubert. Sammlung von Hebammenutensilien, chirurgischen Bestecken. Im Hôtel-Dieu (Krankenhaus), wo Flauberts Vater als Chirurg praktiziert hat.

Hafenbesichtigung: Bootstouren ab Quai Boisguilbert, Embarcadère Jean Ango, April–Sept., Reservierung über das Office de Tourisme. Werften, Kais und eine kräftige Brise hohe See.

Einkaufen

Antiquitäten, Trödel: Zahlreiche Geschäfte nördlich der Kathedrale (rue St-Romain, place St-Maclou).

Auzou: 163, rue du Gros Horloge. Bestes Naschwerk wie Karamellbonbons, *agneau rouennais* (Kuchen in Lamm-Form), *larmes de Jeanne* (Konfiserie).

Fayence: Zwei Betriebe in der Rue St-Romain, Augy-Carpentier (Nr. 26) und Faïencerie St-Romain (Nr. 56).

Märkte: Markthallen auf der Place du Vieux-Marché, Di–So 7–13.30 Uhr. Place St-Marc, Di, Fr/Sa 8–18, So 8–13.30 Uhr, Lebensmittel und Trödel.

Ausgehen

Umtriebig sind die Gassen um St-Maclou und die Place du Vieux-Marché.

Le Bistro Parisien: 77, rue d'Amiens, Di–Sa bis Mitternacht. Jung, trendy und ein bisschen harmlos.

La Taverne St-Amant: 11, rue St-Amant, Sa mittags, So geschl. Kneipe mit Fachwerkfassade, typisch für das Viertel um St-Maclou.

Bauerngarten

Zur **Maison des Champs** von Pierre Corneille, der hier ab 1639 lebte, gehört ein *potager.* Zu sehen sind von Weidengeflecht umfasste Beete mit für das 17. Jh. typischen Blumen, Gemüse und Kräutern (502, rue Pierre-Corneille, Tel. 02 35 68 13 89, tgl. außer Di 10–12, 14–17, Juli/Aug. bis 18 Uhr).

Fachwerk prägt Rouens Altstadt

Feste & Unterhaltung

Les Fêtes Jeanne d'Arc: Mai, Stadtfest zu Ehren der hl. Johanna.
Armada Rouen: Nächster Termin Juli 2008, Windjammerparade (s. S. 19).

Office de Tourisme: 76000 Rouen, 25, place de la Cathédrale, Tel. 02 32 08 32 40, Fax 02 32 08 32 44, www.rouentourisme.com.
Faltheft zum ausgeschilderten Rundgang *Au cœur de l'histoire*!

Hôtel des Carmes: 33, place des Carmes, Tel. 02 35 71 92 31, Fax 02 35 71 76 96, www.hoteldescarmes.fr.st, DZ 42–58 €.
Reizendes Hotelchen an malerischem Platz. Frische Zimmer in kräftigen Farben, freundliche Equipe.
Le Vieux Carré: 34, rue Ganterie, Tel. 02 35 71 67 70, Fax 02 35 71 19 17, www.vieux-carre.fr, DZ 55–57 €.
Fast dörflich: Der grüne Hof inmitten der Altstadt und das wie ein Hufeisen angeordnete Gemäuer. Kleine, komfortable Zimmer, modern, geschmackvoll möbliert, nette Atmosphäre.
Hôtel de la Cathédrale: 12, rue St-Romain, Tel. 02 35 71 57 95, Fax 02 35 70 15 54, www.hotel-de-la-cathedrale.fr, DZ 62–89 €.
Mitten im Zentrum, aber dank Fußgängerstraße still. Heimeliger Innenhof, etwas angestaubte Zimmer.

Le Pain Quotidien: 4, rue du Gros Horloge, Tel. 02 35 70 37 98, So geschl., Frühst. ab 5 €.
Der Erfolgsbäcker aus Brüssel mit Terrasse zur Kathedrale: Öko-Brot, Bio-Eier, köstliche Croissants, hausgemachte Konfitüren. Fürs Frühstück, für den Hunger zwischendurch, zu Kaffee und Kuchen.
Le Vieux Carré: Siehe Unterkunft, nur mittags, Mo Ruhetag, Menü ab 14 €.
Der Ort für ein leichtes Mittagessen, in einer Oase der Ruhe. Nachmittags *salon de thé*.
Chez l'Gros: 22, rue St-Nicolas, Tel. 02 35 71 05 06, So/Mo Ruhetag, Mitte Juli–Mitte Aug. Betriebsferien, Menü ab 18 €.
Der gewichtige Chef ist der beste Garant für eine typisch Lyoner Küche – Wurst, ein ordentliches *onglet* (Steak) und dazu ein offener Beaujolais.
Le Petit Zinc: 20, place du Vieux-Marché, Tel. 02 35 89 39 69, Menü 21–34 €.
Klassisches Bistro mit innovativer bis typischer Bistroküche. Terrasse zum Platz, hübsch dekorierte Säle.
La Couronne: 31, place du Vieux-Marché, Tel. 02 35 71 40 90, Menü 23–45 €.

Mittelalterlicher Bau, klassisch französische Küche. Eine Institution auf drei Etagen.

Bahn: Gare SNCF, place Bernard-Tissot. Mehrmals tgl. nach Paris, Le Havre.
Métro: Bislang sind zwei Linien in Betrieb, eine davon die Nord-Südverbindung von Boulingrin im Norden längs der Rue Jeanne d'Arc hinüber auf das linke Seine-Ufer, www.tcar.fr.

Ziele in der Umgebung

Unteres Seine-Tal: In weiten Schleifen mäandert die Seine zum Meer. Auf ihrem Weg liegen der kostbar möblierte **Manoir de Villers** aus dem 16. Jh. (St-Pierre-de-Manneville, April–Okt. Sa 14.30–17.30, So 15–18.30 Uhr), die grandiose romanische **Abteiruine Jumièges,** die als schönste Kirchenruine des Landes gilt, der gewaltige Forst von **Brotonne** (Naturpark) und die gotische **Abteiruine St-Wandrille** mit dem gleichnamigen Fachwerkdorf. Lauschige Uferstraßen folgen dem Flusslauf.

St-Lô (C4)

Der wehrhafte Mauerring hat St-Lô (20 000 Einwohner) im Zweiten Weltkrieg nicht vor den verheerenden Bombardements der Alliierten schützen können. Die Hauptstadt des Départements Manche wurde nach 1945 ›Hauptstadt der Trümmer‹ genannt. Das ist vorbei: Die Stadt auf einem Hügel oberhalb der Vire gilt heute als ›Hauptstadt des Pferdes‹. Das staatliche Gestüt in St-Lô, aber auch die vielen Gestüte im Umland rechtfertigen den Titel.

Sehenswert

Festungsmauern: Bis auf die Ostseite geschlossener mittelalterlicher Mauerring mit Spazierweg, der sich um die

Reste der Festung mit Pulverturm und die Kirche Notre-Dame legt.

Haras National: Av. du Maréchal Juin, Führungen Juni–Sept. tgl. 14.30–17, Juli/Aug. auch 11 Uhr, www.haras-nationaux.fr.

1806 unter Napoleon als achteckige Anlage mit immensem Innenhof gegründet. Sieben Zuchtrassen, darunter *Cob normand, Percheron, Selle français*. Kutschensammlung (s. auch S. 20).

Musée des Beaux-Arts: Place du Champ de Mars, tgl. außer Di 10–12, 14–18 Uhr. Boudin, Corot, Millet.

Musée du Bocage Normand: La Ferme de Boisjugan, Juni–Sept. Mi–Fr 10–12, 14–18, Sa/So 14–18, sonst Mi–So 14–18 Uhr.

Heimatmuseum zu Sitten und Arbeitsweisen der Menschen des Bocage.

Office de Tourisme: 50000 St-Lô, place Général de Gaulle, Tel. 02 33 77 60 35, Fax 02 33 77 60 36, www.saint-lo.fr.

Hôtel des Voyageurs: 5, av. Briovère, Tel. 02 33 05 08 63, Fax 02 33 05 14 34, Mitte Dez.–

Herrschaftlich wohnen

Das **Château d'Agneaux** ist ein hinreißendes Herrenhaus aus dem 13. Jh. mit Wachturm. Himmelbetten, Parkett- oder antike Fliesenböden gehören zu den Zimmern unterschiedlichster Größe. Park!(Agneaux, 2 km westl. von St-Lô, av. Ste-Marie, Tel. 02 33 57 65 88, Fax 02 33 56 59 21, www.chateau-agneaux.com, DZ 81 u. 135 €).

Anfang Jan. geschl., DZ 68–90 €. Adrettes modernes Haus mit Blick auf die Stadtmauern und die Vire.

Le Péché Mignon: 84, rue du Maréchal Juin, Tel. 02 33 72 23 77, Ende Juli–Mitte Aug. geschl., Sa mittags, So abends/ Mo Ruhetag, Menü 16–30 €.

Restaurant mit Küche auf Sternen-Kurs: Hummersalat mit Ziegenfrischkäse, Zander mit Safran und Kakaobohnen.

Feste & Unterhaltung

Les Nuits Foraines: 2. Wochenende Sept., Festival freier Theater- und Gauklertruppen, Marionettentheater, Musikgruppen am Ufer der Vire.

Bahn: Gare SNCF, place de la Gare. Nach Coutances, Avranches, Bayeux, Caen, Rennes.

11

Highlight

St-Vaast-la-Hougue (B3)

Austern aus St-Vaast-la-Hougue (2100 Einwohner) haben einen nussigen Geschmack. Die Schalentiere sind begehrt bis nach Paris. Entsprechend groß sind die Austernbänke im Süden des Fischerstädtchens, die bei Ebbe abgeerntet werden. Auch die Muscheln aus der kleinen Bucht von St-Vaast-la-Hougue gelten als besonders delikat – *moules blondes* heißt die lokale Art. Beides und noch viel mehr findet man auf dem großen Wochenmarkt, zu dem im Sommer die Saisongäste der gesamten Cotentin-Ostküste strömen.

Sehenswert

Île de Tatihou: Winzinsel vor St-Vaast-la-Hougue mit **Meeresmuseum**

(April–Sept. 10–17.30 Uhr). Wahrzeichen ist die **Vauban-Festung,** bei Ebbe zu Fuß erreichbar, bei Flut mit dem Boot ab Quai Vauban (Ostern–Sept. alle halbe Stunde, sonst nur am Wochenende, www.tatihou.com).
Fort de la Hougue: 1,5 km südl. Festungsturm von Vauban auf einer Landzunge.

Sport & Strände

Segelschule: Centre Nautique de la Baie de St-Vaast – École de Voile, 4, quai du Commandant Albert Paris, Tel./ Fax 02 33 43 44 73, www.cnbsv.org.
Strände: Lange Sandstrände im Süden (Quinéville).

Einkaufen

Markt: Sa, im Zentrum, gewaltig.
L'Huitrière de St-Vaast: Rue d'Isamberville. Austern direkt vom Erzeuger.

Office de Tourisme du Val de Saire, St-Vaast-la-Hougue et Réville:
50500 St-Vaast-la-Hougue,
1, place du Général de Gaulle,
Tel. 02 33 23 19 32,
Fax 02 33 54 41 37,
www.saint-vaast-reville.com.

La Granitière: 74, rue Maréchal Foch, Tel. 02 33 54 58 99, Fax 02 33 20 34 91, www.hotel-la-granitiere.com, DZ 50–90 €.
Massives Granithaus mit zehn gepflegten Zimmern, familiäre Atmosphäre.
Hôtel de France et des Fuchsias: Tel. 02 33 23 19 32, Fax 02 33 54 41 37, www.france-fuchsias.com, Jan.–Feb. geschl., DZ 60–98 €.
Ehemalige von Fuchsien bewachsene Postkutschenstation – daher der Name. Die größten Zimmer befinden sich im Gartenannex **Les Feuillantines**.

Einkaufsparadies

Die **Épicerie Gosselin** in St-Vaast ist ein über 100 Jahre alter Feinkostladen mit eigener Kaffeerösterei, exzellentem Wein- und Calvadoskeller – und wenn auch mittlerweilen etwas übertakelt, so doch die beste Einkaufsadresse weit und breit (27, rue de Verrue).

Le Chasse-Marée: 8, place Charles de Gaulle,
Tel. 02 33 23 14 08, zweite Hälfte Nov./Jan. Betriebsferien,
So abends/Mo in der Nebensaison Ruhetag,Menü 15–25 €.
Schickes Bistro, dessen Dekoration ganz auf Segler zielt. Garnelen mit Speck.
Hôtel de France et des Fuchsias: Siehe Unterkunft, Menü 17–45 €.
Es locken warme Austern an Sellerie-Püree, *boudin blanc* aus Langustinen.

Bus: STN, Tel. 02 33 44 32 22. Valognes, Cherbourg, Barfleur.

Ziele in der Umgebung

Vallée de la Saire: 6 km nordwestl. Verbummeltes Tal mit Weilern und Herrenhäusern, Wandergebiet (www.val-de-saire.com).
La Pernelle: 3,5 km nördl. Dorf auf einer Anhöhe mit Panoramablick von der Kirche (11. Jh.) über die Küste.

St-Valéry-en-Caux (G1)

Ein Bach hat über die Jahrtausende eine Kerbe in das bis 100 m hohe Kalkgestein gefressen. Wo er ins Meer mündet, ducken sich schiefergedeckte Häuser vor der weißen Monumentalwand

Hochbetrieb im Hafen von St-Valery-en-Caux

der Klippen. Die Viertel von St-Valéry-en-Caux (5000 Einwohner) wirken sehr verschieden: Im Quartier d'Aval Kopfsteinpflastergassen und Mauern aus glasigem Flintstein. Im Quartier d'Amont, das im Zweiten Weltkrieg gänzlich zerstört wurde, Wiederaufbauarchitektur auf menschlichem Maß, und davor blauweiß gestreifte Strandhäuschen.

Sehenswert

Maison Henri IV: Quai d'Aval. Im reich verzierten Fachwerkhaus (1540) logieren Office de Tourisme und Heimatmuseum.
Falaise d'Aval: Steilklippe im Westen mit Zöllnerweg. Blick über das Nadelöhr der Hafeneinfahrt, bei guter Fernsicht bis Le Tréport.
Falaise d'Amont: Steilklippe im Osten mit Denkmal für die gefallenen schottischen Soldaten. Küstenweg bis Veules-les-Roses.

Sport & Strände

Rad & Wandern: Ein Dutzend markierter Rad- und Wanderwege um St-Valéry-en-Caux, darunter der Küstenwanderweg GR 21 und die *Grand Tour* (Rad, 28 km), das Faltblatt dazu ist beim Office de Tourisme erhältlich.
Strände: Kieselstrand am Ort und in Veules-les-Roses, bei Ebbe Sandstreifen.

Office de Tourisme: 76460 St-Valéry-en-Caux, Maison Henri IV, Tel. 02 35 97 00 63, Fax 02 35 97 32 65, www.cauxmaritime.com.

Les Hêtres: Ingouville (3 km südl.), 24, rue des Fleurs, Tel. 02 35 57 09 30, Fax 02 25 57 09 31, www.leshetres.com, Jan.–Mitte Feb. geschl., DZ 75–145 €.
Normannisches Gehöft (1627) mit luxuriösen Zimmern unter dem Schieferdach. Rustikal und schick. Blumengarten.
Relais Hôtelier Douce France: Veules-les-Roses, 13, rue du Docteur-Girard, Tel. 02 35 57 85 30, Fax 02 35 57 85 31, www.doucefrance.fr., DZ 80–145 €.
Postkutschenstation (17. Jh.) mit 13 Suiten (Kochnische, Essecke, Schlafzim-

mer). Freundlich, funktional – Terrakottaboden, gekälkte Balken.

Restaurant du Port: Quai d'Amont, Tel. 02 35 97 08 93, Mo Ruhetag sowie So abends außer Juli/Aug., Menü 20–36 €.
Blick auf den Hafen, aus dem fast alles stammt, was auf der Karte steht (gegrillter Steinbutt!).
Les Hêtres: Siehe Unterkunft, Mo/Di außerhalb der Saison Ruhetag, Menü 38–78 €.
Perfekter Service, eleganter Rahmen und erstklassige Küche – das hat seinen Preis.

Ziele in der Umgebung

Veules-les-Roses: 8 km östl. Hübsches Nest am Meer, dessen Stolz erstens der kürzeste Fluss Frankreichs ist – die Veules –, zweitens die vielen Rosen.

Sassetot-le-Mauconduit (G2)

Ein winziges Dorf (950 Einwohner) inmitten kathedralhoher Buchen, auf der Wiese ein gewaltiges Château – so verbummelt sieht es selbst an der Côte d'-Albâtre selten aus. Kaiserin Elisabeth von Österreich hat hier 1875 den Sommer verbracht natürlich im barocken Schloss. Im noblen Gemäuer kann man selbst absteigen, es ist heute Hotel. Tagsüber zog es Sissi runter an den Strand von Les Petites Dalles – so wie die Gäste, die sich ins Dorf verirren.

Einkaufen

Am Eingang des Schlossparks Boutique mit Sissi-Devotionalia.

Office de Tourisme: 76540 Sassetot-le-Mauconduit, 4, rue des Fusillés, Tel. 02 35 29 79 88, Fax 02 35 29 79 88, www.sassetot-le-mauconduit.fr.

Sport & Strände

Stände: In Les **Petites Dalles** von hohen Klippen gerahmter, hellgrauer Kieselstrand mit üppigem Grün und hübschen Ferienvillen im Hintergrund. In **Les Grandes Dalles** dito, nicht ganz so lauschig.
Wandern: Küstenwanderweg (GR 21) über die Klippen nach Fécamp (17 km).

Hôtel de la Plage: Les Petites Dalles, 92, rue Joseph-Heuzé, Tel. 02 35 27 40 77, über die Jahreswende geschl., DZ 40 €.
Ein Hotel aus der Belle Époque, kaum größer als ein Puppenhaus. Nette Besitzer, klare Zimmer, *cosy* und still.
Château de Sassetot: Tel. 02 35 28 00 11, Fax 02 35 28 50 00, www.chateau-de-sassetot.com, DZ 78–158 €.
Die Suiten heißen *François-Joseph* oder *Elisabeth* – Sissi oblige. Plüschig möblierte Zimmer in Pistazie und Abricot, mit Blick auf den Park.

Le Relais des Dalles: Sassetot-le-Mauconduit, Tel. 02 35 27 41 83, März–Juli Di abends/Mi, Sept.–Feb. Mo/Di Ruhetag, Anfang Dez.–Anf. Jan. geschl., Menü ab 22 €.
Einladender Garten, edel-rustikaler Saal. Gutbürgerliche Küche, sorgfältig zubereitet.

Ziele in der Umgebung

Valmont: 9 km südl. Kennzeichen des Ackerbürgerstädtchen ist die heute von Nonnen bewohnte ehemalige **Benediktinerabtei** im Renaissance-Stil (11–

12, 14–17 Uhr). Unübersehbar ebenfalls die Burg (12.–16. Jh.) auf einem Fels mitten im Ort.
Château de Cany: 11 km südöstl., Juli/Aug. tgl. außer Fr und 4. Wochenende Juli 10–12, 15–18 Uhr, mit Führung. Klassisches Barockschloss (1640) im Stil Louis XIII. Kostbar möblierte Salons, Speisesaal. Herrlicher Park.

Sées (F6)

Sées ist ein gottgefälliges Städtchen (4500 Einwohner), so wie es sich für einen Bischofssitz gehört. Daran erinnert die grandiose gotische Kathedrale, deren 70 m hohe Turmspitzen weithin sichtbar sind. Nachts wird der Bau theatralisch angestrahlt (s. S. 20). Der barocke Bischofspalast auf ihrer Rückseite kündet von der einstigen Macht des Klerus.

Sehenswert

Kathedrale: tgl. 9–18 Uhr.
Paradebau der normannischen Gotik, reich gestaltetes Westwerk, himmelstürmendes Langhausgewölbe.
Musée Départemental de l'Art Religieux: Juli–Sept. tgl. außer Di 10–18 Uhr. Mobliliar aus den Dorfkirchen längs der Orne.

Office de Tourisme: 61500 Sées, place Général de Gaulle, Tel. 02 3328 74 79, Fax 02 33 28 18 13, sees.tourisme@wanadoo.fr.

L'Île de Sées: Macé, Tel. 02 33 27 98 65, Fax 02 33 28 41 22, www.ile-sees.fr, März–Okt., DZ 53–62 €.
Ehemaliges Gehöft in ländlicher Abgeschiedenheit. Hinter der efeuberankten Fassade verbergen sich ein gutes Restaurant (So abends/Mo Ruhetag) und gepflegte Zimmer – ein Hideaway. Menü 23–34 €.

Ziele in der Umgebung

Forêt d'Écouves: 5 km südwestl. Märchenhafter, gewaltiger Wald, einer der ausgedehntesten der Normandie.

Le Tréport (J1)

Gewaltige Kalkklippen nehmen das herzerfrischend ruppige Fischerstädtchen (6000 Einwohner) in die Zange. In der Fischhalle versuchen Gäste, Seezunge und Jakobsmuscheln zu unterscheiden, im Hafen ist die Zahl der Kutter beträchtlich: Le Tréport rühmt sich als ›Seepforte der Normandie‹. Enggestauchte Altstadtgassen, der Strand sowie eine endlose Reihe von Bars und Cafés längs der Kais bestimmen die umtriebige Atmosphäre.

Sehenswert

St-Jacques: Pfarrkirche (16. Jh.), die über den Kais thront. Typisch: Die Fassade aus Flintstein und Sandstein.
Quartier des Cordeliers: Das Altstadtviertel der Seilmacher und Fischer besteht aus engen, schnurgeraden Gassen. Auffällig: Die kleinen Balkone und Erkerfenster.
Musée du Vieux Tréport: Im ehemaligen Gefängnis neben dem wehrhaften Rathaus (16. Jh.), Ostern–Sept. Sa/So, Feiertage 10–12, 15–18 Uhr. Kostüme, Alltagsgegenstände aus dem Leben der Fischer oder ein Badezelt aus der Zeit um 1900.
Klippen: Richtung Mesnil-Val (D 1263) fahren oder über die steilen Treppen und Gassen (Escaliers de la Falaise) zu Fuß hoch bis auf die Felskante. Phantastischer Blick vom **Calvaire des Terrasses** über die Küste. Tipp: Besuchen

Sie die Café-Terrasse des Hôtel Le Trianon gleich neben dem Aussichtspunkt.

Sport & Strände

Bootsausflug: Place de la Poisonnerie, Tel. 02 35 86 82 62, www.edenletreport.free.fr. Kommentierte Ziele in der Umgebung längs der Klippen oder zum Fischen mit einem echten Seebären – an Bord der ›Eden‹.
** Stände:** Der Kieselstrand von Le Tréport ist der Paris am nächsten gelegene – schöner aber ist der Strand im benachbarten Mers-les-Bains (östl.).

Ausgehen

Mon P'tit Bar: 3–4, rue de la Rade, 9 Uhr bis Mitternacht. Bar und Restaurant in einem, günstige Menüs.

Office de Tourisme: 76470 Le Tréport, Quai Sidi Carnot, Tel. 02 35 86 05 69, Fax 02 35 86 73 98, www.ville-le-treport.fr.

Château de Chantereine: Criel-sur-Mer (7 km westl.), Tel. 02 35 50 18 46, Fax 02 35 86 43 98, chantereine.criel@wanadoo.fr, Übernachtung 12–17 €, Frühstück 2,80 €, Menü 9 €.
Jugendherberge in einem Schloss. Zwei- bis Fünf-Bettzimmer oder Schlafsaal.
Hôtel de Calais: 1, rue de Paris, Tel. 02 27 28 09 09, Fax 02 27 28 09 00, www.hoteldecalais.com, DZ 42–68 €.
Zimmer mit Blick über den Hafen, funktional eingerichtete Ferienwohnungen für 2–7 Personen: Man hat die Wahl. Nette Atmosphäre.

Le St-Louis: 43, quai François Ier, Tel. 02 35 86 20 70, Mitte Nov.–Mitte Dez. geschl., Menü 17–57 €.
Ein Bistro mit Hafenblick und maritimer Dekoration. Auf der Karte natürlich vor allem Fisch, frisch und schmackhaft.
Le Homard Bleu: 45, quai François Ier, Tel. 02 35 86 15 89, über die Jahreswende geschl., Menü 22–63 €.
Speisen mit Panoramablick über den Hafen (von der oberen Etage), natürlich Meeresfrüchte wie Jakobsmuscheln in Cidre und Hummer.

Bahn: Gare SNCF, place P. Semard. Nach Paris, Beauvais, Amiens.

Ziele in der Umgebung

Mers-les-Bains: Zauberhafter Badeort im Norden von Le Tréport. Zu Fuß nur wenige Minuten und man taucht in eines der schönsten Ensembles der Bäder-Belle-Époque am Ärmelkanal ein.
Eu: 6 km südöstl. Das Städtchen rühmt sich, nach Rouen die meisten denkmalgeschützten Bauwerke in der Normandie zu besitzen. Als da wären ein **Schloss** (16. Jh.), ein **Barockpark,** ein **Hospiz** (17. Jh.), ein **Jesuitenkolleg** (17. Jh.) mit den großartigen Grablegen

Glaskunst

72 km lang ist die Bresle. Am Flusslauf reihen sich der Forêt d'Eu, Teiche, das Dorf Gamaches mit einer Kirche aus dem 13. Jh., dann **Blangy-sur Bresle:** Im Manoir de Fontaine, einem Herrensitz des 16. Jh., zeigt das **Musée de la Verrerie,** dass im Tal seit Jahrhunderten Glas hergestellt wird (März–Nov. tgl. außer Di u. So morgens 10–12, 14–18 Uhr, sonst nur Mi, Sa/So nachmittags).

der Katharina von Kleve und des Herzogs von Guise (www.ville-eu.fr).

12

Highlight

Trouville (F3)

Die Skandalautorin Marguerite Duras hatte eine Wohnung am Strand, das schauspielernde Urgestein Gérard Depardieu steht regelmäßig an der Theke einer allseits bekannten Hafenbar. Trouville (5400 Einwohner) zieht Prominente an, doch es sind im Gegensatz zum benachbarten Deauville eher die von der unkonventionellen Sorte. Das Städtchen am rechten Ufer der Touques-Mündung konnte sich trotz Tourismus seine Urwüchsigkeit bewahren.

Sehenswert

Les Planches: Strandpromenade mit Holzplanken, vorbei an dem in Apartments umgewandelten **Grand Hôtel Les Roches Noires,** in dem Marguerite Duras 30 Jahre eine Wohnung hatte.
Altstadt: Typisch sind die sackgassenartigen Höfe, grüne Idyllen mit dörflichem Charakter in der Rue des Jardins, Rue des Rosiers und Rue Bonsecours, (Seitenstraßen der Rue Victor Hugo).
Musée de Trouville: Villa Montebello, 64, rue du Général-Leclerc, Ostern–Sept. Mi–Mo 14–18.30 Uhr. Second-Empire-Villa mit Gemälden von Dufy und Van Dongen, Karikaturen von Daumier sowie humorvollen Werbeplakaten von Signac.

Sport & Strände

Bootstouren: Quai Albert Ier, Tel. 02 31 65 23 30 und 06 07 47 14 12. Ziele in der Umgebung, z. B. Pont de Normandie.
Strände: Herrlicher Sandstrand mit beheiztem Freibad im Sommer.
Thalassotherapie: Cures Marines de Trouville, Promenade des Planches, Tel. 02 31 88 10 35. Wellness aus dem Meer.

Einkaufen

Halle aux Poissons: Fischhalle am Hafenkai mit reicher Auswahl.
Markt: Mi, So am Quai.

Ausgehen

Casino Barrière de Trouville: Place Maréchal Foch, 11–2 bzw. 4 Uhr, www.lucienbarriere.com. 225 Spielautomaten, diverse Bars, Fr/Sa Bühnenshow.

Feste & Unterhaltung

Fête de la Mer: Juli/Aug., Schiffsprozession, Ball, Fischer-Choräle.

Office de Tourisme: 14360 Trouville, 32, quai Fernand Moureaux, Tel. 02 31 14 60 70, Fax 02 31 14 60 71, www.trouvillesurmer.org.

La Maison Normande: 4, place Maréchal-de-Lattre-de-Tassigny, Tel. 02 31 88 12 25, Fax 02 31 88 78 79, www.maisonnormande.com, DZ 36–65 €.
In einem stillen Winkel, in Fußnähe zum Strand, ein altmodisches Haus in Fachwerk mit dem Charme der Sommerfrische von einst.
Le Flaubert: Rue Gustave-Flaubert, Tel. 02 31 88 37 23, Fax 02 31 88 21 56, www.flaubert.fr, Mitte März–Mitte Nov., DZ 90–120 €. Belle-Epoque-Hotel im neonormannischen Cottage-Stil direkt am Strand. Zimmer mit viel Charme.
Résidence Pierre & Vacances Le Beach: Quai Albert Ier, Buchung über Pierre & Vacances,

Kaltenbornweg 1–3, 50679 Köln, Tel. 018 05/90 10 11 (0,14 €/Min.), www.pierreetvacances.de, DZ ab 62, Ferienwohnungen 4 Pers. je nach Saison ab 520 €/Woche.
Ferienanlage auf der Spitze zwischen Hafen und Strand, geräumige Zimmer im Hotel (20 m²) mit Blick zum Strand und komfortable Ferienwohnungen in der Résidence (2–7 Pers.) mit Blick zum Hafen), familienfreundlich.

Les Vapeurs: 160, bd. F.-Moureaux, Tel. 02 31 88 15 24, www.lesvapeurs.fr, Menü ab 22 €.
Bar-Brasserie seit 1927, nicht zu verfehlen wegen des roten Neons, Art-Deko-Interieur.
Cocotte Café: 58, rue des Bains, Tel. 02 31 88 89 69, Mo/Di geschl., Menü ab 24 €.
Enges Bistro und pfiffige Küche: Schnecken mit Camembert, Fischtopf.
Bistrot des Quatre Chats: 8, rue d'Orléans, Tel. 02 31 88 94 94, www.les4chats.com, Mitte Nov.–Mitte Dez. geschl., Nebensaison Di/Mi Ruhetag, Menü ab 25 €.
Das angesagteste Bistro der Stadt, mit *tout* Paris am Tisch. Traditionelle Bistroküche mit Überraschungen – Entenbrust mit Ingwer.

Bahn: Siehe Deauville.
Pendelfähre: Bei Flut über die Touques-Mündung nach Deauville.

Valognes (B3)

An Valognes (7800 Einwohner) führt kein Weg durchs Cotentin vorbei: Sieben Überlandstraßen laufen auf die Stadt zu, die wegen ihrer Lage als das geografische Herz der Region gilt. Das ›Petit Versailles Normand‹ hat freilich durch die

An der Strandpromenade von Trouville geht es gemächlich zu

Süße Köstlichkeit

Die **Pâtisserie Charlotte-Corday** in Trouville verkauft Karamellbonbons mit Camembert, *petits fours* und Kuchen. Dazu gibt es im Sommer einen attraktiven Mittagstisch (172, bd. F. Moureaux, in der Nebensaison Mi Ruhetag).

alliierte Bombardierung 1944 viel von seinem barocken Charme eingebüßt. Geblieben sind ein paar splendide Adelspalais und Straßenzüge, die vom Glanz der Stadt im Ancien Régime künden.

Sehenswert

Hôtel de Beaumont: 11, rue Barbey d'Aurevilly, Juli–Mitte Sept. Mo, Mi–So 14.30–18.30, Di 10.30–12 Uhr, Juni, Ostern, Himmelfahrt, Pfingsten nur an den Wochenenden; Führung.
Das eleganteste Palais der Stadt beeindruckt mit monumentalem Treppenhaus, luxuriösen Zimmerfluchten und kostbarem Mobiliar (17.–19. Jh.).
Rue de la Poterie: Ein fast intakter Straßenzug aus dem 18. Jh. mit Herrenhäusern und Palais im hellen Stein von Valognes.
Musée du Cidre: Rue du Petit Versailles, Maison du Grand Quartier, April–Sept. tgl. außer Di 10–12, 14–18 Uhr, So 14–18 Uhr, Juli/Aug. auch Di geöffnet.
Im Cidre-Museum wird auf drei Etagen alles über das ›blonde Gold‹ der Normandie erklärt.
Musée du Calvados et des Vieux Métiers: Rue de Thieuville, Hôtel Pelouze, geöffnet wie Musée du Cidre.
Einführung in die Geheimnisse des Calvados-Brennens. Zu sehen sind antike Kupferkolben und Fässer. Daneben wird der Alltag von Steinmetzen, Gerbern und Schreinern erläutert.

Point Information Tourisme: 50700 Valognes, place du Château, Tel. 02 33 40 11 55, Fax 02 33 40 00 04, www.mairie-valognes.fr.

Grand Hôtel du Louvre: 28, rue des Réligieuses, Tel. 02 33 40 00 07, Fax 02 33 95 23 23, www.grandhoteldulouvre.com, DZ 40–57 €.
Ein Hotel, das zu Valognes passt: Der Bau ist aus dem 17. Jh., der Treppenturm aus dem 14. Jh. Einfach und ehrlich.
Manoir de Bellauney: Tamerville (3,5 km außerhalb Richtung Quettehou, D 902), Tel./Fax 02 33 40 10 62, bellauney@wanadoo.fr, April–Okt., DZ 50–70 € (keine Kreditkarten).
Drei *chambres d'hôtes* auf einem 500 Jahre alten Herrenhaus. Radverleih!

Hôtel-Restaurant de l'Agriculture: 1, rue Léopold Delisle, Tel. 02 33 95 02 02, www.hotel-agriculture.com, Mo Ruhetag sowie So abends außer Juli/Aug., Menü 12–30 €.
Regionalküche, bodenständig interpretiert: Ente mit grünem Pfeffer, Kalbsschnitzel *à la normande,* in Knoblauchbutter überbackene Austern.

Bahn: Gare SNCF, av, de la Gare. Nach Cherbourg, Carentan, Bayeux, Caen, Paris.

Ziele in der Umgebung

Bricquebec: 13 km westl. Das Kleinstädtchen wird von einer Burgruine beherrscht (Juli/Aug. tgl. außer Di 10–12, 14–18.30 Uhr). Ums Gemäuer tost Mo der Wochenmarkt.

Villedieu-les-Poêles (B6)

Villedieu-les-Poêles, und ganz Frankreich denkt erstens an Kupferkasserolen, Pfannen, Kessel – und zweitens an Stau. Die schmucke Kleinstadt (4400 Einwohner) im Süden des Départements Manche steht seit Jahrhunderten für edles Küchengerät – der Zusatz im Ortsnamen ›les Poêles‹ bedeutet ›Bratpfannen‹. Jeden Sommer wieder gerät Villedieu-les-Poêles in den Verkehrsfunk: Die A 84 vor der Stadt ist ein Nadelöhr auf dem Weg zum Mont St-Michel und in die Bretagne.

Sehenswert

L'Atelier du Cuivre: 54, rue du Général Huard, Mo–Fr 9–12, 13.30–17.30, Sa 9–12, 14–17.30, Mitte Juli–Ende Aug. auch So 10–12, 14.30–17.30 Uhr.
Eine der ältesten Kupferwerkstätten der Stadt. Ein Video erklärt die Geschichte des Handwerkszweigs von seinen mittelalterlichen Anfängen an.

Le Musée de la Poeslerie: Rue du Général Huard, Ende März–Mitte Nov. Mi–Mo, außer So vormittags 10.15–12.15, 14–18.30 Uhr.
Museum zur Herstellung von Töpfen, Pfannen aus Kupfer.

La Fonderie des Cloches: Rue du Pont Chignon, Mitte Mai–Mitte Nov. Di–Sa 10–12.30, 14–17.30 Uhr, Juni–Mitte Juli auch So, Mitte Juli/Aug. tgl. durchgehend 9–18.30 Uhr, www.cornille-havard.com.
Glockengießerei, die in Betrieb ist und besichtigt werden kann.

Einkaufen

L'Andouillerie de la Vallée de la Sienne: Pont de la Baleine, St-Denis-le-Gast (15 km nördl. Richtung Coutances). **Andouilles** (Innereienwürste) direkt aus der Räucherei. In der Hochsaison auch tgl. Führungen durch die Wurstherstellung. Tel. 02 33 61 44 20, www.andouillerie.fr.

Office de Tourisme: 50800 Villedieu-les-Poeles, place des Costils, Tel. 02 33 61 05 69, Fax 02 33 91 71 79, www.ot-villedieu.fr.

Hôtel St-Pierre-et-St-Michel: Place de la République, Tel. 02 33 61 00 11, Fax 02 33 61 06 52, www.st-pierre-hotel.com, DZ 48–63 €.
Das erste Haus am Platze, am Hauptplatz der Stadt. Stille Zimmer nach hinten. Empfehlenswertes Restaurant sowie preisgünstige Brasserie im vorderen Teil, Menü 14–32 €.

Manoir de l'Acherie: 3,5 km östl., Richtung Vire (D 175), Tel. 02 33 51 13 87, Fax 02 33 51 33 69, www.manoir-acherie.fr, Mo Ruhetag außer abends Juli/Aug., im Winter auch So abends geschl., Menü 16–34 €.
Herrenhaus aus dem 17. Jh. mit Garten und Verkauf von lokalen Erzeugnissen. Exzellente Grillgerichte. Auch Übernachtung, DZ 43–60 €.

Bahn: Gare SNCF, av. du Général-Leclerc. Nach Granville, Vire, Paris.

Ziele in der Umgebung

Abbaye de Hambye: 13 km nördl., Richtung Coutances, April.–Okt. Mi–Mo 10–12, 14–18 Uhr, Tel. 02 33 61 76 92.
Romanisch-gotische Abteiruine in idyllischer Lage im Tal der Sienne.

Extra-

Fünfmal die Normandie entdecken
1. Manoir-Route durch das Bessin
2. D-Day-Strände

Alle Touren sind auf dem großen Faltplan eingezeichnet

Touren

Tour 1

Wohnen im Herrenhaus in ländlicher Abgeschiedenheit

Manoir-Route durch das Bessin

Das Bessin ist ein stiller und bäuerlicher Landstrich, der gleichwohl einen landesweit beachteten Rekord vorzuweisen hat. Keine Gegend Frankreichs soll mehr Herrenhäuser *(manoirs)* und befestigte Gutshöfe *(ferme-forteresse)* zählen als das Umland von Bayeux. Wo immer man sich gerade im Bessin aufhält, die wuchtigen Umfassungsmauern, hohen Kamine und auskragenden Ecktürmchen nobler Bleiben gehören ebenso sehr zur Landschaft wie die *Pie normande,* die an ihren dunklen Augenkringeln erkennbare ›bebrillte‹ Kuhrasse der Normandie.

Etliche Bauten stammen aus der Zeit des Hundertjährigen Kriegs mit England, wurden sogar von britischen Besatzern gebaut, und verweisen architektonisch über den Ärmelkanal. Markantestes Merkmal sowohl etlicher Herrenhäuser als auch fast aller Gutshöfe ist ein monumentaler Torbogen, der die einzige Öffnung zum Innenhof ist. Die nach außen somit gut abgeschirmten Ensembles entsprechen dem Charakter dieses Landstrichs, dessen Bewohner lange als verschlossen galten und über Jahrhunderte mit der Furcht vor Überfällen durch anlandende Piraten und englische Soldaten lebten. Noch heute werden viele Manoirs als Bauernhof betrieben, mit Herden, die freilich leicht 300 oder 400 Rinder zählen.

Wohnen im Herrenhaus

Das Schönste: In etlichen Gemäuern kann man als zahlender Gast absteigen, so etwa im Gestüt **Haras de Crépon.** Typisch ist der aus dem 16. Jh. stammende massive Turm mit angesetzten runden Ecktürmchen (Le Clos Mandeville, Tel. 02 31 21 37 37, DZ ab 75 €). Einen Turm hat selbstverständlich auch die als Hotel genutzte **Ferme de la Ranconnière** an der D 65 von Creully nach Crépon. Hinzu kommt in diesem Fall eine mächtige Mauer, hinter der sich ein weiter Hof öffnet (Tel. 02 31 22 21 73, DZ 45–98 €).

Südlich von Bayeux entführt eine kleine Stichstraße von der D 6 zum **Manoir du Carel** im Weiler Maisons. Monsieur Aumond, der Hausherr, züchtet Pferde. Wichtiger noch, er stammt nachweislich aus einer seit dem 14. Jh. hier ansässigen Familie. Nicht ganz so alt ist sein Haus: Englische Truppen sollen es im Hundertjährigen Krieg errichtet haben, so besagt es eine Urkunde in den Archiven von Caen. Wieder ist das Wahrzeichen ein Turm, diesmal fällt er besonders wehrhaft aus, und auch der Innenhof ist von beeindruckender Größe. Und wieder kann man sich im *chambre d'hôtes* einmieten, etwa in der ›Chambre de Guillaume‹ mit Himmelbett und mannshohem Kamin (Tel. 02 31 22 37 00, DZ 100–110 €).

Problemlos mithalten kann der **Manoir du Quesnay** bei Trévières: zwei Türme flankieren den Renaissancebogen des Portals, hinter dem Monsieur und Madame Fourcade (aus uraltem, auf die Zeiten Wilhelm des Eroberes zurückgehendem Adel!) stilvoll möblierte Gästezimmer bereithalten. In die ›Chambre de la Tour‹ gelangt man durch ein schmales Treppentürmchen (Tel. 02 31 22 57 17, DZ 100–110 €). Der Blick geht über das Backhaus in der Wiese zum benachbarten **Manoir de Douville,** wo man sich zwar nicht einmieten, aber zur Besichtigung des frühbarocken Gemäuers vorstellen kann (Juli/Aug. Mo–Fr 11–18, So 14–18 Uhr).

Bauernhöfe und Schlösser

Schlichter fällt die **Ferme de l'Abbaye** im Weiler Écrammeville aus: Ein wuchtiger, kantiger Bauernhof mit ein paar schlichten, dafür günstigen *chambres d'hôtes* (Tel. 02 31 22 52 32, DZ ab 34 €). Ein kleiner Schwenker nach Süden endet vor den Wassergräben des **Château de Vouilly.** Das romantische Gemäuer am Ortsrand von Vouilly diente den Allierten 1944 als Hauptquartier. Heute können sich in den hübsch altmodischen Suiten und Zimmern Gäste mit Blick auf den Park und schilfgesäumten Teich einmieten – Madame Harel ist eine reizende Gastgeberin (Tel. 02 31 22 08 59, DZ ab 65 €).

Über La Cambe geht es zurück zur Küste. Wer jetzt noch kein Zimmer hat, kann es in La Cambe in der **Domaine de la Picquoterie** versuchen, hinter dessen graugelben Hausteinmauern drei sehr komfortable Gästezimmer bereitstehen (Tel. 02 31 92 09 82, DZ ab 105 €). Oder den **Manoir de l'Hermerel** in Gefosse-Fontenay ansteuern: Vier Gästezimmer warten auf Belegung. Wer das Anwesen nur besichtigen möchte, ist ebenfalls willkommen. Zu sehen ist neben dem Herrenhaus (17. Jh.), der Hofkapelle und dem Taubenturm (15. Jh.) auch der Milchbauernhof mit Melkstall und glücklichen Kühen (Tel. 02 31 22 64 12, DZ ab 60 €, Besichtigung im Aug. Di, Fr 14–17 Uhr, Feb.–Dez. nur Gruppen,).

Längs der Küstenstraße

Bei den beiden letzten Herrenhäusern bleibt es bei einer Aussenbesichtigung. Östlich von **Grandcamp-Maisy** (s. S. 76) fällt links an der Küstenstraße D 514 ein herrlicher Renaissance-Manoir auf, dessen Ländereien bis an die nahe Steilküste reichen. Keine 5 km weiter in Richtung Vierville/Port-en-Bessin (s. S. 90) taucht auf der rechten Straßenseite der **Manoir d'Englesqueville** auf. Zwei von Steinhauben gekrönte Rundtürme sowie ein imposantes Hofportal verleihen dem Anwesen eine herrschaftliche Note – doch wie bei so vielen Manoirs im Bessin handelt es trotz des feudalen Rahmens um einen Bauernhof mit Kühen im Stall und einem Misthaufen in der Wiese.

Tour- Info

Route: ca. 90 km, 1 Tag.
Info: Office de Tourisme Bayeux, s. S. 51.
Unterkunft: Weitere *chambres d'hôtes* auf Schlössern und Herrenhäusern finden sich im Katalog der Vereinigung ›Bienvenue au Château‹, s. S. 22.
Hinweis: Bei vielen Privatzimmern kann nicht mit Kreditkarte gezahlt werden!

Tour 2

Bei Ebbe taucht der künstliche Hafen von Arromanches aus dem Meer auf

D-Day-Strände

Der 6. Juni 1944 war kaum fünf Minuten alt, als er zum bis heute jedem Normannen geläufigen Datum wurde. Im Schutz der stockfinsteren Nacht landen um 0.05 Uhr britische Fallschirmspringer zwischen der Orne-Mündung und Arromanches. Der D-Day, der Tag der alliierten Landung ist angebrochen. Mit dem jungen Tag hat ›Overlord‹, eine der größten Militäroperationen der Menschheitsgeschichte, begonnen.

Da man auf deutscher Seite die alliierte Landungsoffensive weiter östlich im Pas de Calais erwartete, gelingt der Überraschungseffekt. Auch weiterhin verläuft am D-Day alles wie 1943 auf der Konferenz von Québec geplant: Amerikanische Soldaten springen nachts auf der Höhe von Ste-Marie-du-Mont auf dem Utah Beach ab. Mit Tageseinbruch bombardieren 6000 Flugzeuge und eine Armada von ebenso vielen Schiffen die deutschen Küstenstellungen des Atlantikwalls. Kurz darauf rollen amerikanische Fahrzeuge und Mannschaften von ihren Schiffen auf die flachen Sandstrände zwischen Port-en-Bessin und St-Martin-de-Varreville. Westlich von Arromanches nehmen Kanadier und Briten Gold-, Juno- und Sword-Beach ein.

Am Ende des D-Day stehen 154 000 alliierte Soldaten in der Normandie, die einen ungefähr 80 km langen Küstenabschnitt kontrollieren. Bereits um 20 Uhr ist die Straße von Bayeux nach Caen in Ihrer Hand, anders gesagt, der Weg der Alliierten von Westen nach Paris frei. Am 21. August endet die blutige Schlacht um die Normandie in Tournai-sur-Dives. Es ist der erste Sieg der Alliierten auf dem Kontinent. Drei Tage später überqueren ihre Truppen die Seine und ziehen in Paris ein.

Gut 60 Jahre später sind die Schauplätze des D-Day touristische Magnete. Allein die 30 dem Jahrhundertereignis gewidmeten Museen ziehen jährlich drei Mio. Besucher an. Bei den Ausstellungen, Filmen, Tafeln überwiegt ein sachlicher Ton und der Wunsch nach historisch korrekter Darstellung. Die Befreiung von faschistischer Gewaltherrschaft und deutscher Besetzung sowie der Wunsch nach Frieden für Europa stehen im Vordergrund – deutsche Besucher sind selbstverständlich willkommen.

Von Arromanches bis Quinéville führt die **Route du Débarquement** zu den Etappen der alliierten Landung. ›D-Day – Le Choc‹ steht auf den Schildern der *route touristique* längs der Plages du Débarquement – den für die Landung günstigen, weil breiten Sandstränden der Départements Calvados und Manche.

Hafen auf hoher See

Beginn ist in **Arromanches** (s. S. 44). Bei Ebbe taucht der von den Alliierten unter schwerem Beschuss angelegte künstliche Hafen aus dem Wasser auf. Im 360-Grad-Kino oberhalb des Orts vermittelt ein 18-minütiger, aus historischen und neu gedrehten Aufnahmen entstandener Film eine Einführung in das Thema – ohne falsches Pathos, ohne blutrünstige Untertöne (Juli/Aug. 9.40–18.40, April–Juni, Sept–Okt. 10.10–17.40, sonst 10.10–16.40 bzw. 17.10 Uhr). Sehenswert ist auch das Museum zur Landung.

Weiter westlich war **Port-en-Bessin** (s. S. 90) nach der Befreiung der Hafen für den Nachschub an Treibstoffen. Das Musée des Epaves Sous-Marines mit in den Fluten gefundenen Wrackfunden zeigt, welche Materialschlacht hier 1944 tobte (Juni–Sept. tgl. 10–12, 14–18 Uhr, Mai Sa/So und Feiertage).

Endlose Reihen von Grabkreuzen

In **Colleville-sur-Mer** erinnert der amerikanische Friedhof mit endlosen Reihen weißer Kreuze daran, dass die Verluste an Menschenleben schwer wogen (9–17 Uhr). Besonders an der nahen **Pointe du Hoc** kämpften die Ranger unter dem Kommando von Colonel Ridder erbittert um eine deutsche Geschützstation. Ein paar Kilometer landeinwärts liegen 21 500 bei der Schlacht um die Normandie gefallene deutsche Soldaten auf dem Friedhof von **La Cambe** begraben (Sommer 8–19.30, Winter 8–17 Uhr).

Für einen amerikanischen Fallschirmspringer wurde der Kirchturm von **Ste-Mère-Église** zum Verhängnis: John Steel's Fallschirm verfing sich am 6. Juni 1944 im Turm – die Episode ist durch den Hollywoodklassiker ›The longest Day‹ berühmt geworden. Im Musée Airborne wird der gewaltige Kraftakt deutlich, den die alliierte Luftwaffe zum Transport von Fallschirmspringern, Bodentruppen und Material aufbringen musste (Feb., März, Okt., Nov. 9.30–12, 14–18, April–Sept. 9–18.45 Uhr).

Ein Museum ohne Waffen

Die Route führt an den Sandstrand **Utah Beach** bei St-Martin-de-Varreville, wo in einer deutschen Stellung am Strand ein kleines Museum zur Landung entstand (Juni–Sept. tgl. 9.30–19, April, Mai, Okt., Nov. 10–12.30, 14–17.30 Uhr, im Winter unregelmäßige Öffnungszeiten). Die Wege ringsherum tragen die Namen Gefallener.

Endpunkt ist **Quinéville:** Das Musée de la Liberté ist das einzige Museum zu den Kämpfen des Jahres 1944, in dem keine Waffe zu sehen ist. Thema ist der Alltag unter der deutschen Besatzung zwischen 1940 und 1944, dargestellt an einer Dorfstraße, die man entlangschlendert (Mitte März–Mitte Okt. 10–18, Juni, Sept. bis 19, Juli/Aug. bis 19.30 Uhr).

Tour- Info

Route: ca. 135 km, 1–2 Tage.
Info: Broschüre des CRT Normandie mit allen Schauplätzen.
Info im Internet (frz., engl.):
www.normandy-tourism.org – Ausführliche Infos unter dem Stichwort ›Schlacht um die Normandie‹.
www.normandiememoire.com – Historisch seriöse Präsentation.
www.6juin1944.com – Webseite mit allen nur erdenklichen Informationen, Karten, Fotos zum D-Day.

Tour 3

Bei Clécy überbrückt ein Eisenbahnviadukt das tief eingeschnittene Orne-Tal

Wanderung durch die Normannische Schweiz

Die Suisse Normande verdankt ihren Namen den Hügeln und Steilufern links und rechts der Orne. Das tiefe Bauernland mit sanft gewellten Apfelwiesen vor dramatischer Felskulisse ist normannische Urprovinz – jedoch mit Felsen für Freeclimber, Klippen für Paraglider, Kanuverleih sowie einem weitmaschigen, gut ausgewiesenen Netz an Wanderwegen. Zu den schönsten Wandertouren zählt der **GR de Pays Tour de Suisse Normande (TSN),** eine 96 km lange Rundwanderung, die in fünf Tagen von Thury-Harcourt im Süden über Pont d'Ouilly im Norden sowie das Château de Pontécoulant und den 389 m hohen Mont Pincon im Westen führt.

Die hier vorgeschlagene Tour beschränkt sich auf die ersten beiden Etappen von Thury-Harcourt bis Pont d'Ouilly. Gut geübte Wanderer absolvieren die 32 km an einem Tag. Auf dem Programm stehen die waldreichen Steilfelsen am rechten Ufer der Orne sowie das Tal des Orne-Nebenflusses Noireau, somit der landschaftlich reizvollste Teil des gesamten Rundwegs.

Aufstieg zur Burg

Thury-Harcourt nennt sich ›die Pforte der Normannischen Schweiz‹. Sehenswert ist die romanische Dorfkirche, an der jedoch vor allem im 15. Jh. kräftig gebaut wurde. Der Weg führt von der Brücke über die Orne zur Burg, die Raoul Tesson, ein Mitstreiter Wilhelm des Eroberers, einst bewohnt hat. Wie das gesamte Uferstädtchen fiel auch die im 11. Jh. errichtete Burg 1944 in Schutt und Asche. Geblieben ist eine romantische Ruine inmitten eines 70 ha großen Parks an der Orne (Mai–Sept. tgl. 14.30–18.30, April, Okt. nur So) – verlockend für ein Picknick.

Immer hoch über dem rechten Steilufer der Orne und in sicherer Entfernung zur Felskante geht es 12 km Richtung Süden an der **Bonne Nouvelle-Kapelle** vorbei, anschließend durch das lauschige **Vallée des Vaux** und über einen Schlenker zum **Pain de Sucre** – ein gut 200 m hoher Gipfel mit Panoramablick über die Hügel von Clécy (s. S. 62) und die Ufersteilfelsen **Les Roches de la Houle** – endlich nach **St-Omer.** Im hübschen Dorf, das wegen seiner Kapelle als Pilgerziel bekannt ist, kann man sich stärken (Café-Restaurant La Gavotine).

Wo Fuchs und Hase sich gute Nacht sagen

Über die Weiler **Les Basses Planches** und **Les Hautes Planches** zieht man nach der Rast immer weiter Richtung

Süden, wobei der Weg etliche Haken durch Wälder und Wiesen schlägt. Hier spätestens ist der Ausflugstrubel am Ufer der Orne Lichtjahre entfernt, und die Normannische Schweiz erweist sich als das Land, in dem sich Fuchs und Hase gute Nacht sagen.

In **Le Bô** besticht der Friedhof um die kleine Kirche – ein friedvoller Ort in des Wortes wahrstem Sinn. Nach einem Wegstück längs der Orne-Steilufer und einem kräftigen Aufstieg hinter **Le Moulin à Papier** steht man beim Gehöft **La Cour** unversehens vor einem Bildstock auf der Lichtung. Bald begleitet der Orival-Bach den Weg. Dann steigt man kräftig durch den Wald bis **Cauville** an. **Le But,** das Ziel, heißt der nächste Weiler, aber am Ziel ist man noch lange nicht. Südlich von **Plainville** gilt es, den engen Pfad durch das **Val d'Hère** zu meistern. Eine abenteuerliche kleine Brücke führt über das Val d'Hère nach **Le Bourg d'Ouilly.**

Ankunft am Wasser

Allmählich dürfte man die Waden spüren – 28 km sind kein Pappenstiel. Aber die restlichen 4 km bis **Pont d'Ouilly** sind nur noch ein Spaziergang. Schmuck liegt das 2000-Seelen-Dorf an der Orne. Von Westen stößt der Noireau auf den Fluss, der freilich weiterhin still dahinfließt. Die Markthallen künden von dem seit dem 16. Jh. wichtigsten Ereignis der Woche – dem großen Markt am Sonntag. In der *Guinguette* (uriges Ausflugslokal am Ufer, mit Musik, Juni–Mitte Sept. So 15–19 Uhr) geht es danach hoch her. Wichtigstes Datum im Jahreskalendar bleibt der Sonntag nach Maria Himmelfahrt: Dann strömen die Bauern der Suisse Normande am Ende einer Prozession vor der St-Roch-Kapelle zusammen und der Pfarrer segnet die Ernte.

Tour- Info

Route: 32 km, ca. 7 Std. für geübte Wanderer.
Markierung: Gelb-roter Doppelbalken.
Wanderkarte: Topoguide La Suisse Normande à pied, P144.
Rücktransport: Taxi, M. Thinotée, Tel. 02 31 79 43 24.
Info im Internet:
www.gr-infos.com/gr36.htm
www.gr-infos.com/gr221.htm – Fernwanderwege GR 36 und GR 221, auf denen der Rundweg verläuft, mit sämtlichen *gîtes d'étapes* (Wanderunterkünften) und *refuges* (Schutzhütten).
www.ign.fr – Wanderkarten des Institut Géographique National.
Info: Office de Tourisme de la Suisse Normande: 14220 Thury-Harcourt, 2, place St-Sauveur, Tel. 02 31 79 70 45, Fax 02 31 79 15 42, www.suisse-normande.com. Syndicat d'Initiative, 14690 Pont d'Ouilly, bd. de la Noë, Tel. 02 31 69 29 86, www.pont-douilly.com.
Veranstaltungen: 2. Wochenende Sept., Week-end de la Randonnée en Suisse Normande. Ganz Thury-Harcourt geht auf Wanderschaft: Zu Fuß, hoch zu Ross, auf dem Mountainbike – am Samstagabend sogar im Dunkeln und von Fackelträgern begleitet. Zweimal täglich geführte Wanderungen. Rahmenprogramm mit akrobatischen Meisterleistungen von Profiscatern, Kanuolympiasiegern oder Dressurreitern. Nicht zu vergessen, das große Feuerwerk am Samstagabend um 23 Uhr. Informationen beim Office de Tourisme.

Tour 4

Am Grande Mare erinnert das Marais Vernier an die Camargue

Mit dem Rad durch den Marais Vernier

Eine Laune der Seine stand am Anfang. Irgendwann wechselte der Fluss seinen Lauf, und hinterließ kurz vor seiner Mündung in den Ärmelkanal eine hufeisenförmige Schleife. So entstanden die 4500 ha großen Sümpfe des Marais Vernier. Wann und warum die Seine ihr Bett aufgab, versuchen Geologen bis heute zu klären. Vermutlich geschah es während der letzten Eiszeit, vermutlich hat sich die Seine ganz einfach für einen kürzeren Weg ins Meer entschieden. Sicher ist nur, dass das vom ehemaligen Flusslauf eingefasste Feuchtgebiet im 17. bis 19. Jh. durch Deiche halbwegs trockengelegt wurde. Als Baumeister für die Deiche wurden damals Holländer ins Land gerufen. Wobei noch heute Kanäle und Feuchtwiesen die auf Geheiß von Henri IV. geschaffene Kulturlandschaft des Marais Vernier bestimmen. An diesem Bild soll sich nichts ändern, seit die amphibische Landschaft als Teil des **Parc Naturel Régional des Boucles de la Seine Normande** unter Naturschutz steht.

Durch Apfelwiesen

Beginn der für jedermann leicht zu bewältigenden Radtour durch flache Wiesen ist **Ste-Opportune-la-Mare,** ein für den Marais Vernier typisches, weil lang gezogenes Straßendorf, das für seine Obstbauernhöfe bekannt ist (Apfelblüte im April!). In der Maison de la Pomme kann man 50 verschiedene lokale Apfelbäume anschauen – und zur Stärkung vor der Abfahrt ein Glas Apfelsaft trinken. *Pomme Rever,* benannt nach einem Pfarrer, der den Apfel im Marais Vernier eingeführt hat, heißt übrigens die bekannteste Sorte (Juli/Aug. tgl. 10.30–12.30, 13.30–18.30, April–Juni, Sept. Sa/So und Schulferien 14–18.30 Uhr).

Am Ufer der Seine

Vorbei an Teichen mit grün schimmernder Entengrütze und reetgedeckten Katen geht es über **Le Grand St-Aubin** und **St-Aubin** nach Quillebeuf: Vom verbummelten Dorf an der Seine setzt die Fähre ans rechte Flussufer über und damit in eine andere Welt, denn dort bauen sich die Schlote, Tankeranleger und Tanks der Großraffinerie von **Port-Jérôme** auf. In **Quillebeuf,** das von Wikingern gegründet wurde, hingegen kann man hübsch am Ufer im Café sitzen, sich die romanische Kirche Notre-Dame-du-Bon-Port anschauen und einige stolze Fassaden bestaunen, die mit dem Geld der reichen Flussschiffer errichtet worden sind.

Dann wendet sich die Route von der Seine ab und führt schnurstracks nach **St-Samson-de-la-Roque**. Pappelreihen und Korbweiden weisen den Weg. Die schmale Landstraße muss man allenfalls mit einem knatternden Traktor teilen, der ohnehin bald auf eine Wiese abbiegt. Vom Dorf lohnt sich ein kleiner Schlenker nach Norden zum Leuchtturm an der **Pointe de la Roque,** einer 50 m hohen Klippe mit Blick über die Seine.

Dann heißt es umdrehen und in Richtung Le Marais Vernier-Village halten. Unterwegs taucht man in eine ländlich unberührte Welt ein, die selbst in der Normandie selten geworden ist. Nichts scheint sich seit ein paar Jahrzehnten in den Fachwerkzeilen der Straßendörfer verändert zu haben. Beim Bau kamen nur Materialen in Frage, die der Sumpf hergab. Feuerstein und Kalkblöcke für die Fundamente, Eichenholz aus dem Forêt de Brotonne fürs Gebälk, Reet für das Dach, dessen Giebelspitze gelbe Iris krönen – zur Zierde, und weil so Wasser aus der Dachbedeckung gezogen wird. Hinter den Giebeln zeigt **La Côte,** ein Steilhang, die ehemalige Uferkante der Seine an. Vor den Häusern verlaufen Wiesen und Schilf ins Unendliche. Verloren im Grün und nicht größer als gescheckte Punkte grasen freilaufende Rinder, der Stolz des Marais Vernier.

Blumen auf dem Dach

Le Marais-Vernier-Village ist das Dorf, das dem Sumpf den Namen gab, und das schönste Dorf weit und breit mit adretten Reetdachkaten, Apfelwiesen und Blumen, die aus jeder Ritze sprießen. Vielleicht fliegt gerade ein Storch auf. Doch das Ziel heißt **La Grande Mare,** an dessen Ufer sich der Kreis dieses Radausflugs schließt. Hier spätestens erinnert der Marais Vernier an die Camargue. Am Teich haben Naturschützer des angegliederten Zentrums zur Erforschung von Zugvögeln einen Holzturm für Birdwatcher errichtet (freier Zugang). Durch das Fernglas auf der Aussichtsebene kann man Enten, Gänsen, Reihern und Kormoranen aufs Gefieder schauen. Blickt man in die andere Richtung, sieht man die Dächer von Ste-Opportune-la-Mare, wo die Tour begonnen hat.

Tour- Info

Route: ca. 42 km, 1 Tag.
Radverleih: Camping Les Marroniers, Ste-Opportune-la-Mare, Hameau de la Buqueterie (2 km außerhalb), Tel. 06 21 39 50 17, Fax 02 32 42 14 52, März–Sept.
Info: Parc Naturel Régional des Boucles de la Seine Normande, BP 13, 76940 Notre-Dame-de-Bliquetuit, Tel. 02 35 37 23 16, www.pnr-seine-normandie.fr, Führungen, Wanderkarten.
Office de Tourisme du Canton de Quillebeuf sur Seine, Bourneville, Le Bourg, Tel. 02 32 57 32 23, Fax 02 32 57 15 48, www.tourisme-quillebeuf.com.
Unterkunft: Chambres d'hôtes La Vallée, Ste-Opportune-la-Mare, Quai de la Forge, Tel./Fax 02 32 42 12 52. Zwei Gästezimmer in einer liebevoll rekonstruierten Reetkate, die das vom WWF vergebene Label *Gîte Panda* trägt. Ferngläser zum Birdwatching. DZ 42 €, *table d'hôte* 24 €.
Veranstaltungen: *Fête de l'Etampe,* 1. Mai (s. S. 18).
Marché aux Pommes, Okt.–April, jeweils 1. So des Monats. Apfelmarkt in der Maison de la Pomme von Ste-Opportune-la-Mare.

Tour 5

Blumengeschmückte Granithäuser sind typisch für das Cotentin

Gärten und Parks des Cotentin

Die Normannen teilen mit ihren britischen Cousins den Hang zum Gärtnern. Dass die Liste historischer Parks und Gärten in der Normandie somit lang ausfällt, liegt auf der Hand. Einige der schönsten grünen Oasen verstecken sich ganz im Norden der Cotentin-Halbinsel, dort wo große Niederschlagmengen für reichlich Wasser zu jeder Jahreszeit sorgen. Wo freilich ebenfalls ein sonnenverwöhntes Mikroklima das andere ablöst – jedenfalls in Küstennähe. Möglich macht es der Golfstrom, der wie eine gigantische Heizung nahezu frostfreie Winter garantiert. Anders gesagt, die wegen ihrer feuchten Sommer unter Strandtouristen verrufene Cotentin-Spitze entpuppt sich als das Land, in dem Kamelien und Yuccas blühen.

Exotische Gartenpracht

Östlich von Cherbourg in **Tourlaville** ließ sich das mächtige Adelsgeschlecht der Ravalet im 16. Jh. ein imposantes Renaissanceschloss errichten. Das **Château des Ravalet** ist nicht zu besichtigen, dafür ist der im 19. Jh. angelegte Park frei zugänglich. Zwei Teiche bilden das Herz der Anlage, dessen Glanzstück jedoch eine aufwendig restaurierte Gewächshausrotunde ist. Im Freigelände wechseln akklimatisierte Exoten aus Nordamerika, China, dem Nahen Osten und Australien, darunter einige seltene Baumfarne. Außerdem gehört ein Dahlienkonservatorium mit 200 verschiedenen Sorten zum Park (8.30–17.30/19.30 Uhr, beste Jahreszeit April–Sept.).

Es geht weiter ins Zentrum von **Cherbourg** (s. S. 61): Nur einen Steinwurf vom Hafen entfernt legte Emmauel Liais 1885 einen Park an, der heute seinen Namen trägt. Später überschrieb der gelehrte Reeders- und Kaufmannssohn seiner Heimatstadt die Anlage nebst Gewächshäusern an der Rue de l'Abbaye. Berühmt sind **Parc et Serres Emmanuel Liais** für immergrüne Bäume wie Eukalyptus, Palmen und Gingko Biloba sowie über hundertjährige japanische Azaleen. In den Gewächshäusern wuchern und gedeihen seltene Baumfarne und Kakteen (8.30–17.30/19.30 Uhr, beste Jahreszeit Mai, zur Azaleenblüte). Unspektakulärer ist der **Parc Public** an der Avenue de Paris. Exotische Pflanzen sind die Ausnahme, doch dafür blühen Dahlien, Iris, Margariten um so üppiger in den Beeten. Der öffentliche Park ist mit Musikpavillon, Ententeich und künstlichem Wasserfall ein Paradebeispiel für eine städtische Gartenanlage im Stil der Wende zum 20. Jh., zudem *très francais* (nach Sonnenuntergang geschl.).

Very british

Wieder nur einen Katzensprung entfernt lockt westlich von Cherbourg der **Parc du Château de Nacqueville**. Um 1830 legte ein englischer Gartenarchitekt den Park um das herrschaftliche Renaissanceschloss an, das in einem Tal liegt, das sich bis ans Meer vorstreckt. Grandiose Rhododendron-, Azaleen- und Hortensienbüsche setzen Brunnen, Kaskaden und einen munteren Bach in Szene. Das Ergebnis ist ein englischer Landschaftsgarten wie er im Lehrbuch steht. Palmen verleihen dem Panorama eine obligatorisch exotische Note und kontrastieren mit den Granitmauern und der Zugbrücke des Châteaus (Ostern–Sept. 14–18 Uhr außer Di und Fr, letzter Einlass 17 Uhr, beste Jahreszeit Mai).

Etwas weiter an der Küstenstraße nach **La Hague** (s. S. 59) fällt der **Manoir du Duc Ecu** ins Auge. Der Brite Adrian Fisher legt jedes Jahr ein grünes Labyrinth um das 400 Jahre alte Herrenhauses an: Der Besuch ist nur etwas für Gartenfreunde mit gutem Orientierungssinn (Juli/Aug. 11–13, 14–19 Uhr).

Nicht ganz so verwirrend, dafür *very british* kommt im Süden von Cherbourg der **Parc Floral** des neo-gotischen **Château de Martinvast** daher. Im dem englischen Landschaftsgarten wechseln Teiche, Wiesen, Wäldchen und Kaskaden mit immensen Baumrhododendron, exotischen Koniferen, Magnolien und Kamelien. Spätestens an dem im 18. Jh. aufgerichteten Obelisken weiß man: Arkadien liegt (auch) in der Normandie (10–12, 14–18 Uhr, beste Jahreszeit April–Mai).

Grünes Hideaway über dem Strand

Der zweifellos überraschendste Park des Cotentin versteckt sich hinter den Dünen von **Vauville.** Vor über 50 Jahren schufen Eric und Nicole Pellerin um ihr normannisches Herrenhaus ein grünes Hideaway, das erst unter Sohn Guillaume und seiner Frau zur vollen Blüte gelangte. Mit dem 4 ha großen **Jardin Botanique du Château de Vauville** gelang das Wunder, über 600 Pflanzen der südlichen Hemisphäre im Cotentin zu akklimatisieren. Immer wieder schaut man aufs knallblaue Meer in der Bucht von Vauville, das mit den oft immergrünen Pflanzen kontrastiert. Der Gegensatz zu den baum- und strauchlosen *Landes* am Cap de la Hague könnte kaum größer sein. Das Geheimnis für die tropisch anmutende Üppigkeit liegt in der Pflanzordnung. Wetterresistente Hecken schützen die zarter besaitete Fauna anderer Kontinente vor ruppigen Winterstürmen. Für den Rest sorgt die unermüdliche Hand der Besitzer. Fazit: Wer durch die kraftstrotzenden Haine von Palmen und Yuccas schreitet, den Blick aufs Meer gerichtet, glaubt sich auf Madeira, den Kanarischen Inseln oder in Tasmanien wiederzufinden. Von wegen Regenloch Cotentin (Mai Juni Fr/Sa/So, Juli/Aug. tgl., Sept. Di, Sa/So 14–18 Uhr, beste Jahreszeit Mai–Juni)!

Tour- Info

Route: ca. 70 km, 2 Tage.
Info: Union des Parcs et Jardins de Basse-Normandie, 25, rue de Geôle, 14000 Caen, Tel. 02 31 15 57 35, www.jardins-de-france.com.
Unterkunft: Wohnen im Park oder Garten ermöglichen die *Gîtes au Jardin* – Ferienwohnungen oder *chambres d'hôtes* inmitten gepflegten Grüns, zumeist auch in historischen Gemäuern, www.gites-de-france-normandie.com.

Register

Abbildungsnachweis/Impressum

Titel: Requisiten vom Bauernhof
Umschlaginnenklappe vorn: Rouen und seine Kathedrale im Abendlicht
Vignette: Blühende Apfelbäume und glückliche Kühe
S. 6/7: Strandidylle am Fuß der berühmten Felsklippen von Étretat
S. 38/39: Honfleur gilt zurecht als der schönste Hafen der Normandie
S. 106/107: Blick auf die Mäander der Orne im Herzen der Normannischen Schweiz

Bildnachweis:
Archiv für Kunst und Geschichte, Berlin: S. 52 (Erich Lessing)
Christoph & Friends – Das Fotoarchiv, Essen: Titel
HB Verlag/Jörg Modrow, Hamburg: S. 20
HB Verlag/Michael Pasdzior, Hamburg: S. 2/3, 12, 18, 22, 24, 98, 110, 112, 116
laif, Köln: S. 1, 8, 9, 14, 28, 38/39, 55, 60/61, 66, 75, 82, 86/87, 103, 114 (Hemispheres); S. 30 (Le Figaro Magazine/Franck Prignet); S. 49, 106/107, 108 (Jörg Modrow); S. 72 (REA/B. Decout); Umschlaginnenklappe vorn, S. 94/95, (Heiko Specht)
LOOK, München: S. 6/7 (Tina u. Horst Herzig); S. 42 (Heinz Wohner)

Kartografie:
DuMont Reisekartografie, Puchheim
© MAIRDUMONT, Ostfildern

1. Aufl. 2007

Grafisches Konzept: Groschwitz, Hamburg
Druck: Rasch, Bramsche
Buchbinderische Verarbeitung: Bramscher Buchbinder Betriebe